夢の地平線

谷口純子

生長の家

はじめに

この本《ほん》は、若《わか》い読者《どくしゃ》を対象《たいしょう》に書《か》き綴《つづ》ったエッセーを集《あつ》めたものです。人《じん》生《せい》には様々《さまざま》なことが起《お》こります。時《とき》にはつらいことや悲《かな》しいこともあります。それでも人《ひと》が生《い》きることには価値《かち》があり、大《おお》きな喜《よろこ》びを伴《ともな》う――そう伝《つた》えたいと思《おも》って書《か》き継《つ》いできました。

この文章《ぶんしょう》を書《か》いている時点《じてん》では、世界《せかい》は新型《しんがた》コロナウイルスの感染《かんせん》が世《せ》界中《かいじゅう》に広《ひろ》がって三年《ねん》が過《す》ぎようとしています。またロシアがウクライナに対《たい》して始《はじ》めた侵略戦争《しんりゃくせんそう》は一年《ねん》を経過《けいか》し、終結《しゅうけつ》の糸口《いとぐち》は見《み》えません。加《くわ》えて、地球温暖化《ちきゅうおんだんか》による気候変動《きこうへんどう》は、世界各地《せかいかくち》に深刻《しんこく》な被害《ひがい》をもたらし、待《ま》ったなしの状況《じょうきょう》です。

私《わたし》の住《す》む八ヶ岳南麓《やつがたけなんろく》でも、今年《ことし》の冬《ふゆ》は寒暖《かんだん》の差《さ》が例年《れいねん》になく大《おお》きく、早朝《そうちょう》、マイナス十度《ど》を下回《したまわ》った極寒《ごっかん》の日《ひ》の翌日《よくじつ》は、プラス三度《ど》の朝《あさ》を迎《むか》えることもあり、激《はげ》しい変化《へんか》に振《ふ》り回《まわ》された感《かん》がありました。地球環境《ちきゅうかんきょう》の変化《へんか》は、時《とき》ならぬ大雪《おおゆき》や森林火災《しんりんかさい》、旱魃《かんばつ》などの形《かたち》で、私《わたし》たちを含《ふく》む多《おお》くの人々《ひとびと》の暮《く》らしに影響《えいきょう》を及《およ》ぼしています。

本書《ほんしょ》の中《なか》にもたびたび出《で》てきますが、これ以上《いじょう》の温暖化《おんだんか》を抑制《よくせい》するためには、私《わたし》たちは生活《せいかつ》を変《か》える——特《とく》に、食生活《しょくせいかつ》を変《か》える必要性《ひつようせい》があると、私《わたし》は切実《せつじつ》に感《かん》じます。最近《さいきん》、私《わたし》が手《て》にした『さよなら肉食《にくしょく》』（ロアンヌ・ファン・フォーシュト著《ちょ》、亜紀書房刊《あきしょぼうかん》）は、肉食礼賛《にくしょくらいさん》の感《かん》がある私《わたし》たちの食生活《しょくせいかつ》が、地球全体《ちきゅうぜんたい》に甚大《じんだい》な影響《えいきょう》を及《およ》ぼしていることを危機感《ききかん》をもって訴《うった》えています——「気候変動《きこうへんどう》は普通《ふつう》の現象《げんしょう》でも、近年《きんねん》のそれは進《すす》む速《はや》さが違《ちが》う。（中略《ちゅうりゃく》）大気中《たいきちゅう》のCO_2濃度《のうど》は一八五〇年《ねん》から二〇一八年《ねん》のあいだに四〇パーセント上昇《じょうしょう》した。こんな速《はや》さは例《れい》がない」。

その原因《げんいん》については、「一八世紀末《せいきまつ》に始《はじ》まった産業革命《さんぎょうかくめい》、一八六七年《ねん》に発明《はつめい》された燃焼機関《ねんしょうきかん》と大規模《だいきぼ》な化石燃料《かせきねんりょう》の燃焼《ねんしょう》、そして工場式畜産《こうじょうしきちくさん》の台頭《たいとう》。二一世紀《せいき》に入《はい》り、食肉《しょくにく》・酪農産業《らくのうさんぎょう》は最《もっと》も深刻《しんこく》な環境破壊要因《かんきょうはかいよういん》になった」と述《の》べています。

同書《どうしょ》によると、食肉《しょくにく》・酪農産業《らくのうさんぎょう》の発達《はったつ》にともなう環境《かんきょう》への負《ふ》の影響《えいきょう》は、主《おも》だった草原地帯《そうげんちたい》の浸食《しんしょく》、淡水《たんすい》の枯渇《こかつ》と汚染《おせん》、生物多様性《せいぶつたようせい》の喪失《そうしつ》、農地《のうち》拡大《かくだい》に伴《ともな》う森林伐採《しんりんばっさい》——具体的《ぐたいてき》には、世界《せかい》の農地《のうち》の四分《ぶん》の三は動物飼育《どうぶつしいく》と飼料栽培《しりょうさいばい》の畜産業《ちくさんぎょう》に充《あ》てられているのです。

今私《いまわたし》たちは、そのような大規模《だいきぼ》な自然改変《しぜんかいへん》の只中《ただなか》で生《い》きているのですが、先進諸国《せんしんしょこく》で普通《ふつう》に生活《せいかつ》していると、食生活《しょくせいかつ》と自然破壊《しぜんはかい》の関係《かんけい》が自覚《じかく》できず、切迫感《せっぱくかん》はまるでありません。自分《じぶん》の毎日《まいにち》の食事《しょくじ》と、気候変動《きこうへんどう》で住居《じゅうきょ》を失《うしな》う途上国《とじょうこく》の貧《まず》しい人々《ひとびと》の苦《くる》しみと悲哀《ひあい》とが、結《むす》びつかないのです。

しかし、これは多《おお》くの科学者《かがくしゃ》と国連《こくれん》を含《ふく》む国際機関《こくさいきかん》が指摘《してき》してきた厳正《げんせい》な事実《じじつ》です。「地球規模《ちきゅうきぼ》の問題《もんだい》に対《たい》して、個人《こじん》は何《なに》もできない」という声《こえ》がありますが、そんなことはありません。危機《きき》を予測《よそく》する人《ひと》は、声《こえ》を上《あ》げ、実際《じっさい》の行動《こうどう》を起《お》こすことができます。特《とく》に肉食《にくしょく》を減《へ》らす、もしくは止《や》めることは、努力《どりょく》すれば誰《だれ》にでもできる温暖化抑制《おんだんかよくせい》の強力《きょうりょく》な手段《しゅだん》なのです。

そんな将来《しょうらい》のどこに光《ひかり》が見出《みいだ》せるか、と疑問《ぎもん》に思《おも》う人《ひと》もいるでしょう。けれども、この〝不都合《ふつごう》な真実《しんじつ》〟を知《し》った多《おお》くの若者《わかもの》が、世界各地《せかいかくち》で「ノー」という声《こえ》を上《あ》げつつあることは、とても頼《たの》もしいことです。人間《にんげん》は本質的《ほんしつてき》に、人《ひと》との共存共栄《きょうぞんきょうえい》を望《のぞ》み、理想《りそう》をもって生《い》きたいという強《つよ》い願《ねが》いをもっています。その「生《い》きること」の基盤《きばん》として必要《ひつよう》なのが、良好《りょうこう》な地球環境《ちきゅうかんきょう》です。

四十六億年前《おくねんまえ》から存在《そんざい》する地球《ちきゅう》そのものは、人間《にんげん》の活動《かつどう》によって大《おお》きな被害《ひがい》を受《う》けても、やがて長《なが》い時間《じかん》の経過《けいか》とともに生物《せいぶつ》が棲《す》む環境《かんきょう》を再生《さいせい》するでしょう。しかし、その時《とき》の自然界《しぜんかい》では、人類《じんるい》はもう繁栄《はんえい》できないかもしれません。

私《わたし》たちの目《め》の前《まえ》の問題《もんだい》は、私《わたし》たちを苦《くる》しめるためにあるのではなく、誤《あやま》りに警告《けいこく》を与《あた》えたり、進《すす》む方向《ほうこう》を変《か》える示唆《しさ》であったり、問題解決《もんだいかいけつ》を導《みちび》くヒントになるものです。人間《にんげん》は、特《とく》に若《わか》い人《ひと》たちは、無限《むげん》の可能性《かのうせい》を内《うち》に秘《ひ》めた素晴《すば》らしい存在《そんざい》です。私《わたし》たちは言葉《ことば》を使《つか》い、心《こころ》に正《ただ》しい〝夢《ゆめ》〟を強《つよ》く把持《はじ》しながら行動《こうどう》することによって、自《みずか》らの人生《じんせい》はもちろん、環境《かんきょう》も運《うん》命《めい》も変《か》えていくことができるのです。このことを忘《わす》れず、身近《みぢか》な人々《ひとびと》を大《たい》切《せつ》に思《おも》い、それらの人々《ひとびと》が生《い》きる基盤《きばん》——地球環境《ちきゅうかんきょう》を壊《こわ》すことなく、それぞれが「夢《ゆめ》の地平線《ちへいせん》」に向《む》かって一歩《いっぽ》一歩《いっぽ》、前進《ぜんしん》されることをお祈《いの》りします。

二月《がつ》末《まつ》のマイナス十度《ど》の八《やつ》ヶ《が》岳南麓《たけなんろく》にて

谷口《たにぐち》　純子《じゅんこ》

夢の地平線——目次

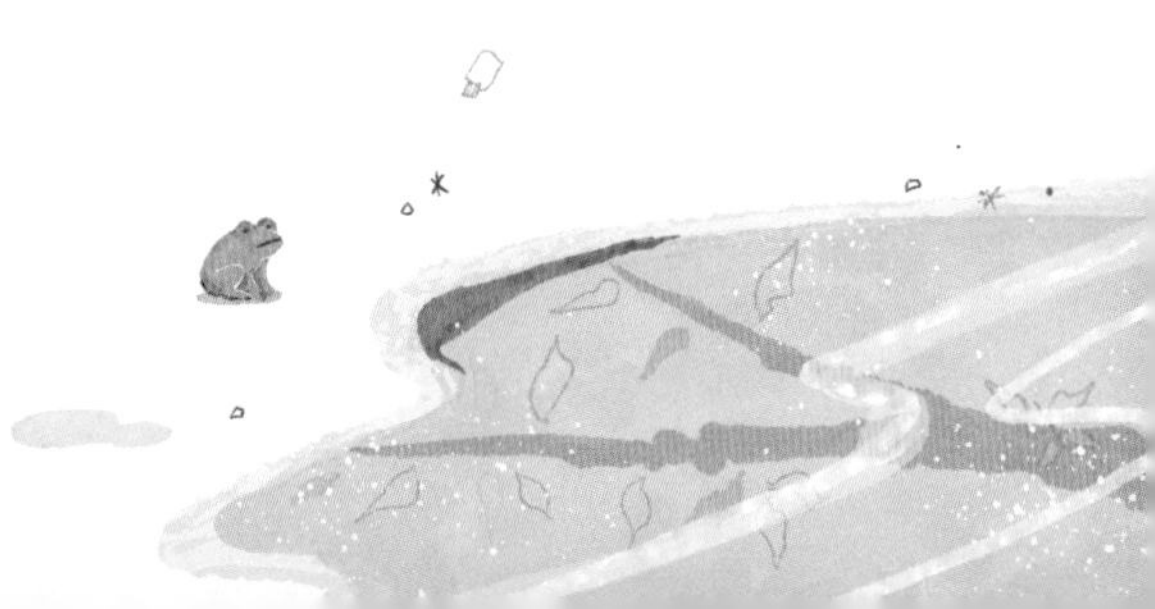

装画・挿画……ひらいみも

目次イラスト……ひかり

ブックデザイン……木村奈緒子（PORT）

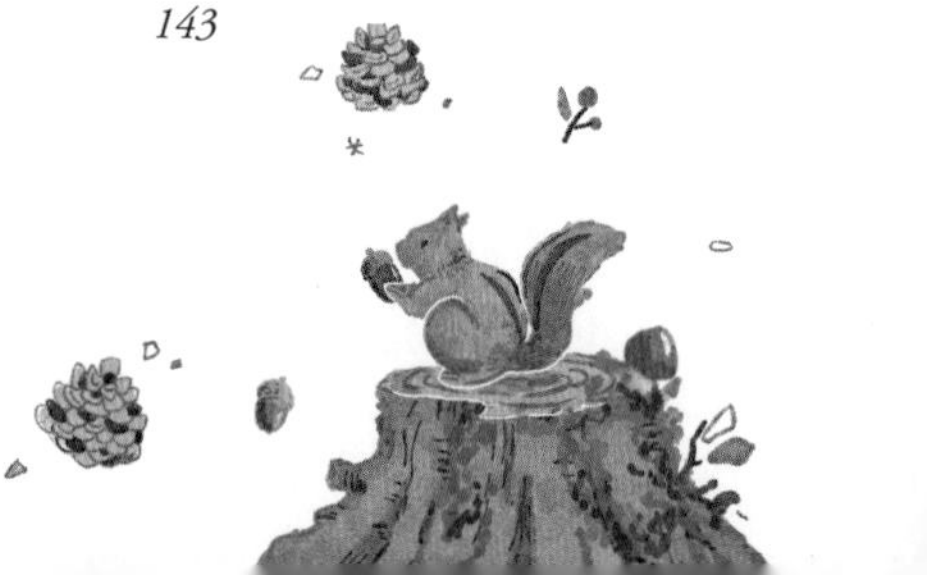

夢の地平線

第1章　宝をさがす

命《いのち》のつながりを大切《たいせつ》にすることは、
自分《じぶん》という存在《そんざい》を大切《たいせつ》にすることと
同《おな》じである。

山地《さんち》の春《はる》

二〇二二年《ねん》の冬《ふゆ》は、ことのほか寒《さむ》い冬《ふゆ》だった。雪《ゆき》の量《りょう》は多《おお》くなかったが、少《すこ》し降《ふ》っては道路《どうろ》を凍《こお》らせ、また少《すこ》し降《ふ》るということを繰《く》り返《かえ》し、氷点下《ひょうてんか》の気温《きおん》のため道路《どうろ》は凍結状態《とうけつじょうたい》が長《なが》く続《つづ》いた。そんな冬《ふゆ》は例年《れいねん》にも増《ま》して、春《はる》が早《はや》く来《こ》ないかと待《ま》ちわびる気持《きもち》が強《つよ》くなる。

三月末《がつまつ》、ビオトープ*1の氷《こおり》が解《と》けてカエルが鳴《な》き始《はじ》めると、いよいよ春《はる》の到来《とうらい》と喜《よろこ》んだ。けれども山地《さんち》の春《はる》はそれほどやさしくはない。寒《かん》の戻《もど》りが来《き》て、すぐ真冬《まふゆ》の寒《さむ》さになった。そんな一進一退《いっしんいったい》を繰《く》り返《かえ》しながら、それでも四月半《がつなか》ばになると、一斉《いっせい》に花《はな》が咲《さ》き始《はじ》める。梅《うめ》も桜《さくら》もこぶしもモクレ

＊1　動物や植物が恒常的に生活できるように、造成または復元された小規模な生息空間

ンもレンギョウもという具合《ぐあい》にだ。こうなるとそんなにいっぺんに咲《さ》かなくてもと注文《ちゅうもん》をつけたくなる。

今《いま》まで貧《まず》しかった人《ひと》が、目《め》の前《まえ》にこれでもかというほどものを並《なら》べられてうろたえ、「少《すこ》しずつゆっくり楽《たの》しみたいのですが」と控《ひか》えめに言《い》いたい気分《きぶん》になるのだ。人間《にんげん》の勝手《かって》な言《い》い分《ぶん》で、植物《しょくぶつ》からは、「この時期《じき》に花《はな》を咲《さ》かせなければ、ちょうどよい時期《じき》に実《み》をつけることができません。私《わたし》たちにとっては、この時期《じき》が一番良《いちばんよ》いのです」という答《こた》えが返《かえ》ってくるかもしれない。

私《わたし》の住《す》んでいる山梨県北杜市《やまなしけんほくとし》には、日本三大桜《にっぽんさんだいざくら》の一《ひと》つである、神代桜《じんだいざくら》というのがある。その桜《さくら》は樹齢《じゅれい》二千年《ねん》ともいわれている。二千年《ねん》というと弥生時代《やよいじだい》である。私《わたし》にとって神代《かみよ》の時代《じだい》と思《おも》われるが、そんな昔《むかし》からずっと生《い》きている桜《さくら》があるということは驚《おどろ》きだ。二千年《ねん》というのは特別《とくべつ》だが、木《き》の二百年《ねん》、三百年《ねん》というのはそれほど珍《めずら》しくない。

人間《にんげん》は長《なが》く生《い》きても百年《ねん》であるが、木《き》はその何倍《なんばい》も生《い》きて、世界《せかい》の変遷《へんせん》を見《み》ているのだ。それに比《くら》べると人間《にんげん》はちっぽけな存在《そんざい》のように思《おも》える。けれども人間《にんげん》には心《こころ》があり、頭《あたま》で考《かんが》えることができ、表現手段《ひょうげんしゅだん》を持《も》っているから、自分《じぶん》が人生《じんせい》で得《え》た様々《さまざま》な知恵《ちえ》や知識《ちしき》、経験《けいけん》などを書物《しょもつ》などに残《のこ》すことができるし、伝《つた》えることもできる。その歴史《れきし》こそが人間《にんげん》に与《あた》えられた大《おお》いなる財産《ざいさん》である。

先日新聞《せんじつしんぶん》のオピニオンという欄《らん》に「『死《し》』について」の投書《とうしょ》があった。五人《にん》の人《ひと》がそれぞれ死《し》について書《か》いていた。

その一人《ひとり》は、長《なが》い年月様々《ねんげつさまざま》な病《やまい》に苦《くる》しみ痛《いた》みに耐《た》えてきた人《ひと》で、生《せい》はいとしいが、死《し》があるから生《い》きていける、死《し》こそが痛《いた》みから解放《かいほう》してくれる救《すく》いの女神《めがみ》であると言《い》っていた。そんな壮絶《そうぜつ》な生《せい》もあるのかと私《わたし》は心《こころ》が痛《いた》むようだった。

また別《べつ》の人《ひと》は、コロナ禍《か》で面会《めんかい》もできず旅立《たびだ》った尊敬《そんけい》する祖父《そふ》の死《し》について書《か》いていた。孫《まご》にあたるその人《ひと》は自分《じぶん》を支《ささ》えていたものが抜《ぬ》け落《お》ちた喪失感《そうしつかん》で悲《かな》しみに暮《く》れた。だが、葬儀《そうぎ》の場《ば》にいる家族《かぞく》が祖父《そふ》の遺《のこ》してくれた財産《ざいさん》だと気《き》づき、さらに祖父《そふ》の言葉《ことば》や言動《げんどう》が自分《じぶん》に影響《えいきょう》を与《あた》え、祖父《そふ》は自分《じぶん》の中《なか》で生《い》き続《つづ》けている。死《し》んでからも生《い》き続《つづ》けるものが確《たし》かにあると分《わ》かり、生《い》きる力《ちから》になったという。

私《わたし》の場合《ばあい》、父《ちち》は健在《けんざい》だが母《はは》は六年前《ねんまえ》に、九十一歳《さい》の誕生日《たんじょうび》を目前《もくぜん》にして亡《な》くなった。母《はは》は晩年《ばんねん》認知症《にんちしょう》を患《わずら》って、施設《しせつ》に入《はい》っていた。私《わたし》の夫《おっと》[＊2]と長男《ちょうなん》を間違《まちが》えることもあり、最後《さいご》の方《ほう》は、私《わたし》が誰《だれ》かもわからないようだった。そんな母《はは》であったが、思《おも》い出《だ》すのは元気《げんき》だったころの母《はは》ばかりである。

料理《りょうり》をまめにする人《ひと》で、母《はは》のちらしずしや海苔《のり》巻《ま》きは、父《ちち》の自慢《じまん》だった。父《ちち》は今《いま》でも母《はは》の話《はなし》をするとき、母《はは》のお寿司《すし》は美味《おい》しかったと懐《なつ》かしがる。物事《ものごと》にこだわらず執着心《しゅうちゃくしん》の少《すく》ない人《ひと》だった。生長《せいちょう》の家《いえ》を最高《さいこう》の教《おし》えと信《しん》じ、いつも枕元《まくらもと》には生長《せいちょう》の家《いえ》のお経《きょう》である『甘露《かんろ》の法雨《ほうう》』を置《お》いてい

＊2　谷口雅宣・生長の家総裁

た。私《わたし》はちらしずしや海苔《のり》巻《ま》きを作《つく》るとき母《はは》を想《おも》い、母《はは》のように上手《じょうず》にはできないなと思《おも》う。母《はは》がちらしずしを作《つく》るときは大《おお》きな寿司桶《すしおけ》に沢山《たくさん》作《つく》り、近《ちか》くに住《す》む親《しん》せきなどに届《とど》けていた。届《とど》ける役目《やくめ》は私《わたし》だった。

私《わたし》が結婚《けっこん》したのは二十七歳《さい》の時《とき》で、当時《とうじ》としては遅《おそ》い結婚《けっこん》だった。母《はは》は夫《おっと》と私《わたし》の婚約式《こんやくしき》の席《せき》で、「娘《むすめ》は、『私《わたし》は必《かなら》ず素晴《すば》らしい人《ひと》と結婚《けっこん》するから、心配《しんぱい》しないで』と言《い》っていたので、娘《むすめ》の結婚《けっこん》については心配《しんぱい》しなかった」というようなことを話《はな》した。私《わたし》は母《はは》にそんなことを言《い》ったのかと、自分《じぶん》ではよく覚《おぼ》えていないが、いつも私《わたし》を信《しん》じて自分《じぶん》の考《かんが》えを押《お》し付《つ》けることはなかった。

人《ひと》は亡《な》くなっても、亡《な》くなった人《ひと》との思《おも》い出《で》があり、それが遺《のこ》された人《ひと》の力《ちから》になる。思《おも》い出《で》も人《ひと》によって違《ちが》うと思《おも》うが、私《わたし》はあまり悪《わる》いことは記《き》憶《おく》に残《のこ》らず、良《よ》いことばかりが思《おも》い出《だ》される。

人《ひと》は死《し》によって肉体《にくたい》としては存在《そんざい》しなくなるが、命《いのち》は永遠《えいえん》に生《い》き続《つづ》けるというのが、歴史《れきし》の審判《しんぱん》を受《う》けてなお残《のこ》る宗教《しゅうきょう》に共通《きょうつう》した認識《にんしき》である。すべての人《ひと》に親《おや》があり、連綿《れんめん》と続《つづ》く先祖《せんぞ》の存在《そんざい》は確《たし》かなものだ。命《いのち》のつながりを大切《たいせつ》にすることは、自分《じぶん》という存在《そんざい》を大切《たいせつ》にすることと同《おな》じである。

核家族《かくかぞく》や独《ひと》り住《ず》まいであっても、ご先祖《せんぞ》に感謝《かんしゃ》の思《おも》いが表現《ひょうげん》できる場所《ばしょ》を作《つく》ることはとても大切《たいせつ》だ。神棚《かみだな》や仏壇《ぶつだん》がなくても、心《こころ》のよりどころとなるような場所《ばしょ》を設《もう》けると、なぜか不思議《ふしぎ》と心《こころ》の安定《あんてい》が得《え》られる。初物《はつもの》や頂《いただ》き物《もの》があった時《とき》にそこに供《そな》えるなどし、自分《じぶん》の心《こころ》を振《ふ》り返《かえ》る場所《ばしょ》として、また亡《な》き人《ひと》を思《おも》うところとして、人《ひと》にはそういうものが必要《ひつよう》だ。

山地の春

だからこそ、一見《いっけん》悪《わる》いと思《おも》える
事柄《ことがら》の中《なか》にも、
必《かなら》ず善《ぜん》への芽《め》があると楽観《らっかん》できるのだ。

出会《であ》い

私《わたし》たち夫婦《ふうふ》は朝《あさ》六時《じ》二十五分《ふん》からのテレビ体操《たいそう》を日課《にっか》にしている。そのため夫《おっと》は、体操《たいそう》の始《はじ》まる前《まえ》の六時《じ》二十分《ぷん》ごろテレビをつける。

その時間《じかん》は俳優《はいゆう》やタレントなどが外国《がいこく》に行《い》って、その国《くに》の言葉《ことば》を学《まな》ぶ外国語講座《がいこくごこうざ》が放映《ほうえい》されている。「旅《たび》する○○語《ご》」といったタイトルがついていて、英語《えいご》、フランス語《ご》、スペイン語《ご》、イタリア語《ご》、中国語《ちゅうごくご》、韓国語《かんこくご》が日替《ひが》わりで行《おこな》われる。ある日《ひ》、それは「旅《たび》するイタリア語《ご》」[＊1]だったが、ゲストとしてイタリアの絵画《かいが》や文化《ぶんか》に詳《くわ》しい五十代位《だいくらい》の日本女性《にっぽんじょせい》がコメントしていた。私《わたし》は朝食《ちょうしょく》の準備《じゅんび》をしていたから、その人《ひと》の名前《なまえ》は聞《き》き洩《も》らした。

＊1　2020年10月から番組名が「旅するためのイタリア語」に変更

　飛行機《ひこうき》の機内誌《きないし》に連載《れんさい》の読《よ》み物《もの》があり、その中《なか》にイラストとともに文章《ぶんしょう》を書《か》いている人《ひと》がいる。パラパラとめくり、興味《きょうみ》のあるタイトルを読《よ》むことがあった。ある時《とき》、籠《かご》をしょっている女性《じょせい》のイラストと共《とも》に、キノコについて書《か》いた文章《ぶんしょう》が目《め》に留《と》まった。イタリア人《じん》と結婚《けっこん》し、イタリア在住《ざいじゅう》らしきその人《ひと》は、夫《おっと》と息子《むすこ》が山登《やまのぼ》りに行《い》ったから、自分《じぶん》はポルチーニ茸《たけ》を一人《ひとり》で採《と》りに行《い》ったという話《はなし》を、面白可笑《おもしろおか》しく書《か》いていた。文章《ぶんしょう》の書《か》き手《て》は「ヤマザキマリ」という人《ひと》だった。カタカナの名前《なまえ》で漫画家《まんがか》というから若《わか》い女性《じょせい》だと思《おも》ったが、私《わたし》と同《おな》じキノコ好《す》きで、漫画家《まんがか》というのは珍《めずら》しい。どんな人《ひと》か知《し》りたいと思《おも》った。インターネットで検索《けんさく》してみると、その人《ひと》の顔写真《かおじゃしん》が出《で》てきた。それは「旅《たび》するイタリア語《ご》」で、イタリア美術《びじゅつ》などについて評論《ひょうろん》していた、かのインテリ女性《じょせい》なのであった。

　テレビでの印象《いんしょう》と、機内誌《きないし》の少《すこ》しずっこけたエッセーとの間《あいだ》に隔《へだ》たりを感《かん》じたが、それは私《わたし》の勝手《かって》な見方《みかた》だろう。イタリア美術《びじゅつ》に詳《くわ》しい漫画家《まんがか》で国際結婚《こくさいけっこん》し、籠《かご》をしょってキノコ採《と》りをする異色《いしょく》の人《ひと》に私《わたし》は興味《きょうみ》を持《も》った。本《ほん》も沢山出《たくさんだ》しているようなので、その人《ひと》となりがわかるようなタイトルの本《ほん》を選《えら》び、取《と》り寄《よ》せて読《よ》んでみた。私《わたし》などの想像《そうぞう》を絶《ぜっ》する体験《たいけん》の持《も》ち主《ぬし》だったが、書《か》いていることには共感《きょうかん》を覚《おぼ》えた。古代《こだい》ローマを舞台《ぶたい》にした『テルマエ・ロマエ』という漫画《まんが》で、手塚治虫文化賞短編賞《てづかおさむぶんかしょうたんぺんしょう》を受賞《じゅしょう》しているということだが、残念《ざんねん》ながら彼女《かのじょ》の漫画《まんが》はまだ読《よ》んでいない。

不思議《ふしぎ》な出会《であ》いを感《かん》じた。出会《であ》いといっても、一方的《いっぽうてき》なものであるが、本好《ほんず》きにはこういうことがよくある。

武田清子《たけだきよこ》さんという人《ひと》を知《し》ったのは、ある雑誌《ざっし》の対談記事《たいだんきじ》だった。二〇一七年《ねん》のことで、そのとき武田《たけだ》さんは百歳《さい》。対談相手《たいだんあいて》は私《わたし》とほぼ同年《どうねん》配《ぱい》の国際法学者《こくさいほうがくしゃ》だ。世界的《せかいてき》な傾向《けいこう》として人権意識《じんけんいしき》が後退《こうたい》していることや自国中心主義《じこくちゅうしんしゅぎ》の広《ひろ》がり、日本《にっぽん》の首相《しゅしょう》の憲法《けんぽう》を軽《かろ》んじる姿勢《しせい》などについて、危機感《ききかん》を感《かん》じていた法学者《ほうがくしゃ》が、先輩《せんぱい》である武田《たけだ》さんの意見《いけん》を聞《き》くというかたちでの対談《たいだん》だった。

武田《たけだ》さんは、「世《よ》の中《なか》が悪《わる》い方《ほう》に行《い》っていると、決《き》めつけてはいけません。歴史《れきし》は流動《りゅうどう》し常《つね》に変化《へんか》します。ネガティブな見方《みかた》だけでは、無責任《むせきにん》になってしまう。不可能《ふかのう》に見《み》えても、その中《なか》に驚《おどろ》くような新《あたら》しい可能性《かのうせい》が常《つね》に宿《やど》されている。そういうものを見落《みお》とさないで拾《ひろ》い上《あ》げ、それに対《たい》して私《わたし》たちは何《なに》ができるかを、責任《せきにん》をもって考《かんが》えていくことが大事《だいじ》でしょう」というようなことを言《い》われた。

私《わたし》もそのころ世界《せかい》の流《なが》れや日本《にっぽん》の状況《じょうきょう》を否定的《ひていてき》に考《かんが》えていた。ところが武田《たけだ》さんは、それだけでは無責任《むせきにん》になってしまうと言《い》われた。また、不可能《ふかのう》と見《み》えるものの中《なか》に、驚《おどろ》くような可能性《かのうせい》が宿《やど》されており、それを拾《ひろ》い上《あ》げ、自分《じぶん》に何《なに》ができるかと責任《せきにん》をもって考《かんが》えていくとは、どういうことだろうと思《おも》った。

ほとんどの憲法学者《けんぽうがくしゃ》が、安倍《あべ》首相《しゅしょう》の憲法解釈《けんぽうかいしゃく》の変更《へんこう》を違憲《いけん》状態《じょうたい》だと言《い》った。そのようなことが起《お》こって初《はじ》めて、私《わたし》は自分《じぶん》が日本国憲法《にほんこくけんぽう》についてほとんど知《し》らないことに気《き》が付《つ》いた。それは多《おお》くの人《ひと》も同《おな》じだと思《おも》った。憲法《けんぽう》とは何《なに》か、憲法《けんぽう》の役割《やくわり》とは、そのようなことを分《わ》かりやすく書《か》いた『憲法《けんぽう》を知《し》ろう[＊2]』という小冊子《しょうさっし》を皆《みな》で作《つく》った。違憲状態《いけんじょうたい》や憲法改正論議《けんぽうかいせいろんぎ》が起《お》きているのに、何《なに》もしなければ後《あと》で後悔《こうかい》すると思《おも》ったからだ。そういう意味《いみ》では、ネガティブな事柄《ことがら》の中《なか》から、前《まえ》に進《すす》もうとする可能性《かのうせい》が出《で》てきた。

武田《たけだ》さんの示唆《しさ》に富《と》んだ確信的《かくしんてき》な言葉《ことば》は、ただの楽観主義《らっかんしゅぎ》ではなく、どのような思想《しそう》のもとに出《で》てくるのかと、この人《ひと》のバックグラウンドを知《し》りたいと思《おも》った。

武田《たけだ》さんは、一九三九年《ねん》（昭和《しょうわ》十四年《ねん》）二十二歳《さい》の時《とき》、オランダのアムステルダムで開催《かいさい》された第《だい》一回《かい》世界《せかい》キリスト教青年会議《きょうせいねんかいぎ》に日本《にっぽん》から最年《さいねん》少《しょう》の代表《だいひょう》として出席《しゅっせき》した。日中戦争《にっちゅうせんそう》のさなか、寄港地《きこうち》の上海《シャンハイ》では日本軍《にっぽんぐん》

＊2　谷口純子監修、生長の家白鳩会中央部編、生長の家刊

の爆撃《ばくげき》の跡《あと》へ中国《ちゅうごく》の人々《ひとびと》によって案内《あんない》されたり、悲惨《ひさん》な植民地支配下《しょくみんちしはいか》のアジア諸国《しょこく》の胸痛《むねいた》む光景《こうけい》を若《わか》い胸《むね》に刻《きざ》んだ。ヨーロッパの会議《かいぎ》では、中国大《ちゅうごくたい》陸《りく》を侵略《しんりゃく》する国《くに》として、母国《ぼこく》、日本《にっぽん》が中国代表《ちゅうごくだいひょう》だけでなく、世界各国《せかいかっこく》の人々《ひとびと》から恐《おそ》れられ、嫌《きら》われていることを知《し》り、深《ふか》い孤独感《こどくかん》を味《あじ》わったという。ヨーロッパ滞在中《たいざいちゅう》にはドイツがポーランドに侵攻《しんこう》し、第二次世界大戦《だいじせかいたいせん》に突入《とつにゅう》した。ヨーロッパから次《つぎ》にはアメリカに留学《りゅうがく》し、オリヴェット大学《だいがく》、コロンビア大学《だいがく》、ユニオン神学校《しんがっこう》で学《まな》び、東大《とうだい》で文学博士《ぶんがくはくし》となった。国際《こくさい》基督教大学教授《キリストきょうだいがくきょうじゅ》、女性《じょせい》初《はつ》の世界教会協議会会長《せかいきょうかいきょうぎかいかいちょう》などを歴任《れきにん》している。日《にっ》本女性《ぽんじょせい》としては、トップクラスの経歴《けいれき》の持《も》ち主《ぬし》だ。こんな人《ひと》が日本《にっぽん》にいたのかと驚《おどろ》いた。

　武田《たけだ》さんのアメリカ留学中《りゅうがくちゅう》に、日本軍《にっぽんぐん》による真珠湾攻撃《しんじゅわんこうげき》が行《おこな》われた。そのため当時《とうじ》の駐米日本大使《ちゅうべいにっぽんたいし》らと共《とも》に、一九四二年《ねん》、日米交換船《にちべいこうかんせん》で日本《にっぽん》に帰《き》国《こく》した。

世界《せかい》には、宗教《しゅうきょう》の違《ちが》い、国《くに》の違《ちが》い、コトバの違《ちが》い、民族《みんぞく》の違《ちが》いなどがある。そんな中《なか》、世界《せかい》の変動《へんどう》を身近《みぢか》なものとして見《み》、体験《たいけん》してきた武田《たけだ》さんは、「違《ちが》いは恵《めぐ》みです」と言《い》われる。違《ちが》いのある中《なか》で、お互《たが》いを理解《りかい》しようとする努力《どりょく》を通《つう》じて、普遍性《ふへんせい》が生《う》まれてくるのだと。その胸《むね》の内《うち》には、神《かみ》への強《つよ》い信仰《しんこう》がある。それはまた神《かみ》によって創《つく》られた人間《にんげん》への信頼《しんらい》でもある。宗派《しゅうは》に関係《かんけい》なく、神《かみ》を信《しん》じるとはこういうことだろうと私《わたし》は思《おも》った。だからこそ、一見悪《いっけんわる》いと思《おも》える事柄《ことがら》の中《なか》にも、必《かなら》ず善《ぜん》への芽《め》があると楽観《らっかん》できるのだ。

この二人《ふたり》の女性《じょせい》のことを、私《わたし》は全《まった》く知《し》らなかった。本《ほん》を通《つう》じてこういう出会《であ》いがあるから、読書《どくしょ》はやめられない。

人生《じんせい》に魔法《まほう》があれば、
それは希望《きぼう》と努力《どりょく》から来《く》る、
と私《わたし》は思《おも》う。

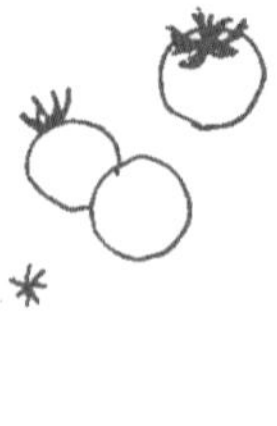

人生《じんせい》の魔法《まほう》

『西《にし》の魔女《まじょ》が死《し》んだ』という映画《えいが》＊1を見《み》た。梨木香歩《なしきかほ》さんの小説《しょうせつ》を映画化《えいがか》したものである。

私《わたし》が梨木香歩《なしきかほ》という作家《さっか》を知《し》ったのは、つい三カ月《げつ》ほど前《まえ》の四月《がつ》（二〇〇八年《ねん》）のことである。家《いえ》の近《ちか》くにある子供《こども》の本《ほん》の専門店《せんもんてん》に入《はい》り、文庫本《ぶんこぼん》の並《なら》んでいる棚《たな》を物色《ぶっしょく》していた。そのとき私《わたし》の目《め》に留《と》まったのが、『春《はる》になったら苺《いちご》を摘《つ》みに』（新潮文庫《しんちょうぶんこ》）という本《ほん》だった。本《ほん》の題名《だいめい》としては珍《めずら》しく、「苺《いちご》を摘《つ》みに行《い》く」という行為《こうい》が、豊《ゆた》かな日常《にちじょう》を想像《そうぞう》させた。表紙《ひょうし》カバーには、イチゴの緑《みどり》の葉《は》に霜《しも》が降《お》りているような、ちょっと不思《ふし》

＊1　2008年公開、長崎俊一監督

議《ぎ》な絵《え》があり、その瑞々《みずみず》しさに心《こころ》を惹《ひ》かれた。ところが、カバーの袖《そで》を見《み》ると「撮影《さつえい》　星野道夫《ほしのみちお》」と書《か》いてある。ロシアのカムチャッカ半島《はんとう》で亡《な》くなった冒険家《ぼうけんか》、星野《ほしの》さんの写真《しゃしん》だった。

本《ほん》のカバー裏《うら》にはこうあった――

「『私《わたし》』（著者《ちょしゃ》）が学生時代《がくせいじだい》を過《す》ごした英国《えいこく》の下宿《げしゅく》には、女主人《おんなしゅじん》ウェスト夫人《ふじん》と、さまざまな人種《じんしゅ》や考《かんが》え方《かた》の住人《じゅうにん》たちが暮《く》らしていた。ウェスト夫人《ふじん》の強靭《きょうじん》な博愛精神《はくあいせいしん》と、時代《じだい》に左右《さゆう》されない生《い》き方《かた》に触《ふ》れて、『私《わたし》』は、日常《にちじょう》を深《ふか》く生《い》き抜《ぬ》くということを、さらに自分《じぶん》に問《と》い続《つづ》ける――物語《ものがたり》の生《う》まれる場所《ばしょ》からの、著者初《ちょしゃはじ》めてのエッセイ」

この解説《かいせつ》を読《よ》んで、私《わたし》は本《ほん》を買《か》うことにした。ただの身辺雑記《しんぺんざっき》ではなく、同《おな》じ下宿《げしゅく》に住《す》む様々《さまざま》な人種《じんしゅ》、個性的《こせいてき》なものの考《かんが》え方《かた》の人々《ひとびと》との交流《こうりゅう》がある、という点《てん》に惹《ひ》かれたのだ。

読《よ》んでみると、予想通《よそうどお》り異文化同士《いぶんかどうし》の交流《こうりゅう》が刺激的《しげきてき》に描《えが》かれていた。この本《ほん》に出《で》てきた最《もっと》も身近《みぢか》な例《れい》は、食器《しょっき》を洗剤《せんざい》で洗《あら》った後《あと》、泡《あわ》のついたままかごに入《い》れるか、それとも水《みず》でそそぐかというようなことも、習慣《しゅうかん》の違《ちが》いとして論争《ろんそう》の糸口《いとぐち》になった。そんな時《とき》、人《ひと》はとかく「自分《じぶん》が正《ただ》しい」「自分《じぶん》が優《すぐ》れている」「自分《じぶん》たちの文化《ぶんか》は進《すす》んでいる」などと思《おも》いたくなる。ところが梨木《なしき》さんは、「どちらが優《すぐ》れている」というような考《かんが》えを超《こ》えて、自分《じぶん》と人《ひと》を同《おな》じ地平《ちへい》に置《お》き、できるだけ客観的《きゃっかんてき》に見《み》つめようとする。

また学生時代《がくせいじだい》に神学《しんがく》を学《まな》んだ著者《ちょしゃ》は、神《かみ》の存在《そんざい》や信仰《しんこう》にたいする考《かんが》え方《かた》についても語《かた》る。そして、強《つよ》い信仰《しんこう》は反面《はんめん》、独善主義《どくぜんしゅぎ》に陥《おちい》る危険《きけん》がある。自分《じぶん》の信念《しんねん》を絶《た》えず客観的《きゃっかんてき》に見《み》つめることは、可能《かのう》だろうか、などと自問《じもん》する。

私《わたし》のあまり知《し》らない、面白《おもしろ》いタイプの作家《さっか》だと思《おも》った。だから、著者《ちょしゃ》の心中《しんちゅう》の精神世界《せいしんせかい》や、教育背景《きょういくはいけい》に興味《きょうみ》をもった。

その後《ご》、本屋《ほんや》へいった時《とき》、梨木《なしき》さんの作品《さくひん》が平積《ひらづ》みされているのを見《み》て、彼女《かのじょ》が人気作家《にんきさっか》であることを知《し》った。そして『西《にし》の魔女《まじょ》が死《し》んだ』（新潮文庫《しんちょうぶんこ》）など数冊《すうさつ》の本《ほん》を買《か》って、暇《ひま》を見《み》つけては読《よ》んだのである。彼女《かのじょ》のほとんどの小説《しょうせつ》には中年《ちゅうねん》の女性《じょせい》が出《で》てくるが、私《わたし》にはそれらの女性《じょせい》が皆《みな》、下宿《げしゅく》の女主人《おんなしゅじん》、ウェスト夫人《ふじん》のように感《かん》じられた。『西《にし》の魔女《まじょ》……』にも、ウェスト夫人《ふじん》の影《かげ》が見《み》え隠《かく》れしているように感《かん》じた。

映画《えいが》の『西《にし》の魔女《まじょ》が死《し》んだ』は、とても良《よ》くできていた。映画化《えいがか》された小説《しょうせつ》は、原作《げんさく》を読《よ》んだ人《ひと》にとって物足《ものた》りないことが多《おお》いが、この作品《さくひん》は、原作《げんさく》に忠実《ちゅうじつ》なイメージで、原作者《げんさくしゃ》の意図《いと》が十分《じゅうぶん》に表現《ひょうげん》されていた。

物語《ものがたり》を少《すこ》し説明《せつめい》すると――

中学生《ちゅうがくせい》のまいは、学校《がっこう》で陰湿《いんしつ》ないじめにあい登校拒否《とうこうきょひ》になる。そこでママの提案《ていあん》で田舎《いなか》に一人《ひとり》で暮《く》らす祖母《そぼ》（おばあちゃん）のところで過《す》ごすことになる。おばあちゃんはイギリス人《じん》で、若《わか》い頃英語《ころえいご》の教師《きょうし》として来日《らいにち》し、同《おな》じ教師《きょうし》のおじいさんと出会《であ》い結婚《けっこん》するのである。自分自身《じぶんじしん》に不安《ふあん》を

持《も》ってやってきたまいに対《たい》して、おばあちゃんは、

「私《わたし》はまいのような子《こ》が生《う》まれてきてくれたことを本当《ほんとう》に感謝《かんしゃ》しているんです」と言《い》う。傷《きず》ついている子供《こども》にとって、全面的《ぜんめんてき》に自分《じぶん》を受《う》け止《と》めてくれる人《ひと》がいることは、とても力強《ちからづよ》く、大《おお》きな励《はげ》ましになる。

そしてまいとおばあちゃん――〝西《にし》の魔女《まじょ》〟との日常《にちじょう》が始《はじ》まる。魔女《まじょ》は、まいに〝魔女《まじょ》の修行《しゅぎょう》〟をさせる。それは何《なに》かといえば、早寝《はやね》、早起《はやお》きをして、食事《しょくじ》をしっかりとり、掃除《そうじ》や洗濯《せんたく》をし、規則正《きそくただ》しい生活《せいかつ》をすることと、「何事《なにごと》も自分《じぶん》で決《き》める」ということだった。

まいは最初《さいしょ》、そんな生活《せいかつ》はできないと思《おも》うのだが、魔女《まじょ》の大《おお》きな愛《あい》に包《つつ》まれ、ジャム作《づく》りや、野菜《やさい》や動物《どうぶつ》の世話《せわ》など生活《せいかつ》の基本《きほん》から教《おそ》わるうちに、まいの傷《きず》ついた心《こころ》は癒《いや》されていく。そして、両親《りょうしん》のところに戻《もど》り学校《がっこう》にも行《い》けるようになるのである。その二年後《ねんご》、あるメッセージを残《のこ》して魔女《まじょ》は死《し》んでいく。

普通《ふつう》「魔女《まじょ》」などというと、特別《とくべつ》な力《ちから》、とくに超能力《ちょうのうりょく》をもった人《ひと》のように思《おも》われる。しかし、梨木《なしき》さんが描《えが》きたかったのは、「環境《かんきょう》に左右《さゆう》されずに、自分《じぶん》の意志《いし》をしっかり持《も》ち、当《あ》たり前《まえ》の日常《にちじょう》をおろそかにせず、楽《たの》しんで生《い》きる」――そういう能力《のうりょく》を習得《しゅうとく》した人《ひと》のことだ、と私《わたし》は理解《りかい》した。

魔女《まじょ》の修行《しゅぎょう》など自分《じぶん》にできるかと不安《ふあん》に思《おも》っているまいに、おばあちゃんはこんなことを言《い》う。

「ありがたいことに、生《う》まれつき意志《いし》の力《ちから》が弱《よわ》くても、少《すこ》しずつ強《つよ》くなれますよ。少《すこ》しずつ、長《なが》い時間《じかん》をかけて、だんだんに強《つよ》くしていけばね。（中略《ちゅうりゃく》）最初《さいしょ》は何《なん》にも変《か》わらないように思《おも》います。そしてだんだんに疑《うたが》いの心《こころ》や、怠《なま》け心《ごころ》、あきらめ、投《な》げやりな気持《きも》ちが出《で》てきます。それに打《う》ち勝《か》って、ただ黙々《もくもく》と続《つづ》けるのです。そうして、もう永久《えいきゅう》に何《なに》も変《か》わらないんじゃないかと思《おも》われるころ、ようやく、以前《いぜん》の自分《じぶん》とは違《ちが》う自分《じぶん》を発見《はっけん》するような出来事《できごと》が起《お》こるでしょう。（後略《こうりゃく》）」

なんと頼《たの》もしいことを言《い》うおばあちゃんかと、私《わたし》は思《おも》った。

生長《せいちょう》の家《いえ》では「人間《にんげん》は神《かみ》の子《こ》」という。その意味《いみ》は、どんな人《ひと》もその本《ほん》質《しつ》には、素晴《すば》らしい無限《むげん》の可能性《かのうせい》があるということだ。だから、自己《じこ》の本《ほん》質《しつ》の可能性《かのうせい》を信《しん》じて努力《どりょく》すれば、必《かなら》ず内在《ないざい》の良《よ》さは表《あらわ》れるという。

私《わたし》は幼《おさな》いころから、この言葉《ことば》に励《はげ》まされて、可能性《かのうせい》に挑戦《ちょうせん》してきた。今《いま》もそれはつづいているが、魔女《まじょ》の言《い》うように、すぐに結果《けっか》が出《で》ることはない。それでも「神《かみ》の子《こ》」という希望《きぼう》の光《ひかり》が私《わたし》を導《みちび》いてくれるから、歩《あゆ》みを止《と》めないで前《まえ》に進《すす》むことができる。

人《ひと》はともすれば、労少《ろうすく》なく大《おお》きな成果《せいか》を得《え》たいと思《おも》う。しかし、それでは心《こころ》の満足《まんぞく》が得《え》られない。努力《どりょく》することで、〝新《あたら》しい自分《じぶん》〟へと脱皮《だっぴ》できる。人生《じんせい》に魔法《まほう》があれば、それは希望《きぼう》と努力《どりょく》から来《く》る、と私《わたし》は思《おも》う。

第2章　心ってなんだろう？

自分《じぶん》の環境《かんきょう》に起《お》こることは、
自分《じぶん》の心《こころ》がつくり、
引《ひ》き寄《よ》せるものなのだ。

心《こころ》のエネルギー

朝起《あさお》きたとき、どんな気持《きもち》であるかがその一日《にち》を支配《しはい》する。心《こころ》に煩《わずら》いがなく、体調《たいちょう》も良《よ》いと前向《まえむ》きに色々《いろいろ》なことをしようと思《おも》い、意欲的《いよくてき》に一日《にち》を過《す》ごすことができる。私《わたし》の場合《ばあい》、その日《ひ》にしなくてはならないこと、したいと思《おも》うことをメモするのも、この朝起《あさお》きた時間《じかん》である。

時《とき》には、寝不足《ねぶそく》を感《かん》じたり、体《からだ》が重《おも》く疲労感《ひろうかん》があって、もっと寝《ね》たいと思《おも》うこともある。そういう時《とき》には、いつにも増《ま》して自分《じぶん》の体《からだ》に感謝《かんしゃ》し、私《わたし》を生《い》かしてくれている力《ちから》に、一日《にち》よろしくお願《ねが》いしますと語《かた》るようにしている。

様々《さまざま》な思《おも》いを抱《かか》え込《こ》み、将来《しょうらい》の不安《ふあん》や過去《かこ》の失敗《しっぱい》などにとらわれていると、やる気《き》に満《み》ちた前向《まえむ》きな気持《きもち》が湧《わ》きにくい。なんとなく昨日《きのう》の続《つづ》きの今日《きょう》が来《き》て、新鮮《しんせん》な意欲《いよく》というよりは、惰性《だせい》や義務感《ぎむかん》に支配《しはい》されて一日《にち》を過《す》ごしがちだ。そんな場合《ばあい》、やる気《き》にならない原因《げんいん》を、自分《じぶん》が置《お》かれている環境《かんきょう》や周《まわ》りの人《ひと》のせいにしていることが多《おお》い。そうなると、環境《かんきょう》や周《まわ》りの人《ひと》が変《か》わらない限《かぎ》り、事態《じたい》は改善《かいぜん》されない。環境《かんきょう》や周《まわ》りの人《ひと》を変《か》えることは簡単《かんたん》ではないから、代《かわ》り映《ば》えのしない毎日《まいにち》がいつまでも続《つづ》くことになる。

私《わたし》たちの人生《じんせい》の様々《さまざま》な出来事《できごと》は、自分《じぶん》の心《こころ》と関係《かんけい》なく偶然《ぐうぜん》に起《お》こると表《ひょう》面的《めんてき》には思《おも》えることも多《おお》い。例《たと》えば、乗《の》る予定《よてい》の電車《でんしゃ》に乗《の》り遅《おく》れたことによって、事故《じこ》から免《まぬが》れたという場合《ばあい》もあれば、反対《はんたい》に予定《よてい》ではない電車《でんしゃ》に乗《の》って事故《じこ》にあったということもある。偶然《ぐうぜん》に支配《しはい》される人生《じんせい》ならば、たまたま事故《じこ》にあった人《ひと》は運《うん》が悪《わる》く、事故《じこ》から免《まぬが》れた人《ひと》は幸運《こううん》で、たまたまそうなったということになる。けれども本当《ほんとう》は、自分《じぶん》の環境《かんきょう》に起《お》こることは、自分《じぶん》の心《こころ》がつくり、引《ひ》き寄《よ》せるものなのだ。

このことを私《わたし》たちはなんとなく知《し》っている。だから、良《よ》くないことが起《お》こった時《とき》など、自分《じぶん》の行動《こうどう》や考《かんが》え方《かた》を振《ふ》り返《かえ》って、問題《もんだい》のありかを探《さが》そうとする場合《ばあい》もある。けれども余程《よほど》衝撃的《しょうげきてき》なことが起《お》こらない限《かぎ》り、そのような心《こころ》の動《うご》きに鈍感《どんかん》で、表面《ひょうめん》の心《こころ》に意識《いしき》されないことが多《おお》い。そんな中《なか》でも、人生《じんせい》は心《こころ》によってつくられるという真実《しんじつ》を理解《りかい》している人《ひと》は、目《め》の前《まえ》の出来事《できごと》をただの偶然《ぐうぜん》とは思《おも》わず、良《よ》いことも悪《わる》いことも含《ふく》めて、自分《じぶん》に何《なに》を教《おし》えているのだろうと考《かんが》える。このようなものの見方《みかた》、考《かんが》え方《かた》から、積極的《せっきょくてき》な人生《じんせい》は始《はじ》まる。

人間《にんげん》とはどういう存在《そんざい》で、人生《じんせい》の目的《もくてき》は何《なに》かといえば、人間《にんげん》は本来《ほんらい》無限《むげん》の可能性《かのうせい》を秘《ひ》めた素晴《すば》らしい存在《そんざい》であり、人生《じんせい》はその可能性《かのうせい》を開花《かいか》させるためにあると生長《せいちょう》の家《いえ》では教《おし》える。そして自《みずか》らの可能性《かのうせい》を少《すこ》しずつ、徐々《じょじょ》にでも表現《ひょうげん》することによって、人《ひと》は生《い》きがいを感《かん》じ、喜《よろこ》びを感《かん》じるものなのだ。多分《たぶん》そういうことを多《おお》くの人《ひと》は今《いま》までの人生《じんせい》で経験《けいけん》しているはずである。ところが、それと同《おな》じように失敗《しっぱい》や不快《ふかい》な経験《けいけん》も記憶《きおく》の中《なか》にある。そしてそれらが心《こころ》の多《おお》くの部分《ぶぶん》を占領《せんりょう》している人《ひと》の場合《ばあい》は、なかなか前向《まえむ》きに積極的《せっきょくてき》な生活《せいかつ》をしようという意欲《いよく》が湧《わ》いてこない。

人《ひと》によっては十の成功体験《せいこうたいけん》があっても、一の失敗《しっぱい》があると、たった一《ひと》つのことにいつまでもこだわり、前《まえ》に進《すす》めないこともある。一方《いっぽう》、十の失敗《しっぱい》があっても一《ひと》つの成功《せいこう》があると、勇気《ゆうき》百倍《ばい》になり、やる気満々《きまんまん》の人《ひと》もいる。こういう人《ひと》は楽天家《らくてんか》と呼《よ》ばれるが、どちらが人生《じんせい》で有利《ゆうり》かと言《い》えば、やはり楽天家《らくてんか》の方《ほう》である。人間《にんげん》の心《こころ》は強《つよ》い習慣性《しゅうかんせい》に支配《しはい》されていて、習慣《しゅうかん》というのは飛行機《ひこうき》の自動《じどう》パイロットのようなものだから、自分《じぶん》で意識《いしき》しないでも、習慣《しゅうかん》の力《ちから》によって動《うご》いていくのだ。

「ああでもない」「こうでもない」と常《つね》に思《おも》い煩《わずら》い、過去《かこ》にとらわれて積極的《せっきょくてき》に歩《あゆ》めない人《ひと》は、自分《じぶん》の心《こころ》の習慣《しゅうかん》を意識《いしき》して変《か》えていく必要《ひつよう》がある。習慣《しゅうかん》を支配《しはい》しているものは、私《わたし》たちの潜在意識《せんざいいしき》であり、潜在意識《せんざいいしき》に明《あか》るい積極的《せっきょくてき》な思《おも》いを積《つ》み重《かさ》ねていくことが大切《たいせつ》だ。なぜ明《あか》るい心《こころ》が必要《ひつよう》かというと、明《あか》るい心《こころ》は人生《じんせい》は素晴《すば》らしいものだという肯定的《こうていてき》な気持《きもち》を生《う》む。肯定的《こうていてき》な気持《きもち》は、未来《みらい》への希望《きぼう》につながるから、やる気《き》が出《で》てきて積《せっ》極的《きょくてき》な人生《じんせい》が歩《あゆ》めるのだ。そのための最《もっと》も効果的《こうかてき》な方法《ほうほう》は、人生《じんせい》の明《あか》るい面《めん》、楽《たの》しかったこと、感動《かんどう》したこと、感謝《かんしゃ》の思《おも》いなどを常《つね》に心《こころ》に強《つよ》く刻《きざ》み、習慣化《しゅうかんか》することだ。

　これは簡単《かんたん》なことのように思《おも》えるが、実際《じっさい》に生活化《せいかつか》するのはそれほど容《よう》易《い》ではない。多《おお》くの人《ひと》が、人生《じんせい》の明《あか》るい面《めん》、楽《たの》しい事柄《ことがら》よりも、失敗《しっぱい》や不《ふ》快《かい》な出来事《できごと》、社会《しゃかい》の悪《あく》や人《ひと》のゴシップなどに注目《ちゅうもく》しがちだからだ。そのため、人生《じんせい》の明《あか》るい面《めん》を見《み》つけ出《だ》そうとしても、簡単《かんたん》に見《み》つけられないのだ。これは人類全体《じんるいぜんたい》の傾向《けいこう》であるといってもよい。だからテレビや新聞《しんぶん》などの報道《ほうどう》では、ほとんどの場合《ばあい》、社会《しゃかい》や世界《せかい》の出来事《できごと》の中《なか》の、最《もっと》も悲惨《ひさん》な事件《じけん》を最初《さいしょ》に伝《つた》え、新聞《しんぶん》の一面《いちめん》トップに持《も》ってくる。それを無防備《むぼうび》に受《う》けていると、社会《しゃかい》はとても悲惨《ひさん》なところで、悪人《あくにん》と言《い》われる人《ひと》がいるという印象《いんしょう》を持《も》ち、それをまた自分《じぶん》の人生《じんせい》と重《かさ》ね合《あ》わせて、暗《くら》い気持《きもち》になったり、取《と》り越《こ》し苦労《くろう》をするのだ。

ジャーナリズムは、社会《しゃかい》の悪《あく》を正《ただ》すという役割《やくわり》はあるが、精神科学《せいしんかがく》が発《はっ》達《たつ》した現在《げんざい》では、悪《わる》い出来事《できごと》の過剰《かじょう》な報道《ほうどう》は、人間《にんげん》の精神生活《せいしんせいかつ》にどのような影響《えいきょう》を及《およ》ぼすかがわかっている。だから、人間心理《にんげんしんり》の深層《しんそう》まで理解《りかい》して、報道《ほうどう》する必要《ひつよう》があるのではないかと思《おも》う。また、受《う》け取《と》る側《がわ》も、社会《しゃかい》には悲惨《ひさん》な出来事《できごと》、悪《わる》い事件《じけん》などがあるが、その一方《いっぽう》で人々《ひとびと》の助《たす》け合《あ》いや、喜《よろこ》びに満《み》ちた楽《たの》しい出来事《できごと》は沢山《たくさん》あり、良《よ》いことの方《ほう》が本当《ほんとう》は多《おお》いという真《しん》実《じつ》を知《し》る必要《ひつよう》がある。

そのような見方《みかた》で、自分《じぶん》の周《まわ》りにある良《よ》いことを探《さが》していくのだ。それを一種《いっしゅ》のゲームのように考《かんが》えて、見《み》つけ出《だ》した良《よ》いことをノートなどに書《か》いていくと、それは強《つよ》い印象《いんしょう》を伴《ともな》って、心《こころ》に記憶《きおく》されていく。この行動《こうどう》をどれだけ積《つ》み重《かさ》ねていくかが重要《じゅうよう》だ。その結果《けっか》として、その人《ひと》の心《こころ》の習慣《しゅうかん》は変《か》わっていく。

私《わたし》たち一人一人《ひとりひとり》は、自分《じぶん》の世界《せかい》の中心《ちゅうしん》であり、心《こころ》のエネルギーは強力《きょうりょく》で、良《よ》くも悪《わる》くも一人一人《ひとりひとり》の人生《じんせい》を導《みちび》いていくものだということを、心《こころ》に強《つよ》く刻《きざ》み付《つ》けたいと思《おも》う。

私《わたし》たちが幸《しあわ》せで愉快《ゆかい》な日常《にちじょう》を
過《す》ごしたいならば、
自分《じぶん》の心《こころ》を大切《たいせつ》に扱《あつか》い
粗末《そまつ》にしてはいけない。

腹《はら》立《だ》つ心《こころ》

感情《かんじょう》をいかにコントロールするかで、思《おも》い出《だ》すことがある。『新選谷口《しんせんたにぐち》雅春《まさはる》＊1法話集《ほうわしゅう》〈1〉親鸞《しんらん》の本心《ほんしん》＊2』に出《で》てくる話《はなし》だ。

あるお姑《しゅうとめ》さんが、お嫁《よめ》さんのすることがいちいち気《き》に入《い》らず、癪《しゃく》にさわり、腹《はら》が立《た》って仕方《しかた》なかった。そこで宗教家《しゅうきょうか》に相談《そうだん》した。するとその宗教家《しゅうきょうか》は、

「一体誰《いったいだれ》が腹《はら》を立《た》てさすのですか」と問《と》う。

「嫁《よめ》が一々《いちいち》私《わたし》に気《き》に入《い》らぬことばかりするものですから。」

＊1　生長の家創始者、1985年（昭和60年）逝去

＊2　日本教文社刊、現在品切中

「嫁《よめ》が気《き》に入《い》らぬことをしたら腹《はら》が立《た》ちますか。」

「腹《はら》が立《た》って致《いた》し方《かた》がありません。」

「それでは其《そ》の立《た》つと云《い》う腹《はら》は誰《だれ》の腹《はら》ですか。」

「それは私《わたし》の腹《はら》が立《た》って仕方《しかた》がありませぬ。」

「あなたの腹《はら》はあなたが立《た》てたり立《た》てなかったりするのであって、嫁《よめ》が立《た》てるのではないでしょう。」

「嫁《よめ》が腹《はら》を立《た》てさせるのです。」

「そんなことはありますまい。たとい嫁《よめ》がどのようなことを為《し》ようとも、あなたが腹《はら》を立《た》てなければそれで好《よ》いのでしょう。そのあなたの腹《はら》を立《た》てるものの正体《しょうたい》は一体《いったい》なんですか。それを一《ひと》つ考《かんが》えて御覧《ごらん》なさい。」

（同書《どうしょ》二八九ページ）


こんな問答《もんどう》が行《おこな》われた。このお姑《しゅうとめ》さんの考《かんが》え方《かた》は、普通《ふつう》に私《わたし》たちが思《おも》うことだ。自分《じぶん》にとって何《なに》か都合《つごう》の悪《わる》いこと、腹立《はらだ》たしいことがあった場《ば》合《あい》、目《め》の前《まえ》に起《お》こった出来事《できごと》や他《ほか》の人《ひと》など、自分以外《じぶんいがい》の環境《かんきょう》や人《ひと》が原因《げんいん》だと考《かんが》えるのだ。実際客観的《じっさいきゃっかんてき》に現実《げんじつ》を見《み》れば、その通《とお》りである。

例《たと》えば、高速道路《こうそくどうろ》を走《はし》っていて、たまたま事故《じこ》があり、渋滞《じゅうたい》に巻《ま》き込《こ》まれたというような場合《ばあい》を考《かんが》えてみる。ある人《ひと》はあらかじめ自分《じぶん》で決《き》めていた計画《けいかく》があり、渋滞《じゅうたい》は予定《よてい》を変更《へんこう》しなければならないから、腹立《はらだ》たしい出《で》来事《きごと》だ。その場合《ばあい》、イライラの原因《げんいん》は事故《じこ》による渋滞《じゅうたい》であり、自分《じぶん》を腹立《はらだ》たせたと思《おも》うのが一般的《いっぱんてき》だ。

ある事柄《ことがら》に遭遇《そうぐう》したとき、どんな心《こころ》の状態《じょうたい》になるかで、その後《ご》の展開《てんかい》は変《か》わってくる。イライラした人《ひと》が、今日《きょう》はツイていない悪《わる》い日《ひ》だと思《おも》い、不快《ふかい》な気持《きもち》でいると、その後《ご》の様々《さまざま》なことがらが、負《ふ》の連鎖《れんさ》のように思《おも》われ、一日《にち》を台無《だいな》しにしてしまう。また、最初《さいしょ》は困《こま》ったと思《おも》ったが、そんな思《おも》いを持《も》ち続《つづ》けることはよくないと気持《きもち》を切《き》り替《か》えて、引《ひ》きずらなかった人《ひと》もいるだろう。さらに、渋滞《じゅうたい》も仕方《しかた》ないと思《おも》い、急《きゅう》にできた時間《じかん》の有効《ゆうこう》利用《りよう》を考《かんが》える場合《ばあい》もあるだろう。

私《わたし》たち夫婦《ふうふ》は、近頃《ちかごろ》は長距離《ちょうきょり》の高速道路《こうそくどうろ》に乗《の》ることはあまりなくなったが、以前《いぜん》は東京《とうきょう》から山梨《やまなし》まで高速道路《こうそくどうろ》に乗《の》ることがあった。そんな時《とき》たまに渋滞《じゅうたい》に遭遇《そうぐう》すると、声《こえ》を出《だ》して本《ほん》や新聞《しんぶん》を読《よ》んだものだ。新聞《しんぶん》の見出《みだ》しを言《い》って、運転《うんてん》している夫《おっと》の希望《きぼう》を聞《き》き、その日《ひ》のニュースを読《よ》む。すると、普段《ふだん》私《わたし》が読《よ》まない分野《ぶんや》の情報《じょうほう》があったりして、夫《おっと》との会話《かいわ》の領域《りょういき》が広《ひろ》がることもあった。

何《なに》か不快《ふかい》な事《こと》、自分《じぶん》の予想《よそう》に反《はん》した出来事《できごと》が起《お》こった時《とき》に、腹《はら》を立《た》てたり怒《おこ》ったりすると、嫌《いや》な気持《きもち》になるのはその人自身《ひとじしん》である。ここが難《むずか》しく、重要《じゅうよう》な事《こと》であるが、私《わたし》たちが幸《しあわ》せで愉快《ゆかい》な日常《にちじょう》を過《す》ごしたいならば、自分《じぶん》の心《こころ》を大切《たいせつ》に扱《あつか》い粗末《そまつ》にしてはいけない。日々《ひび》の生活《せいかつ》では様々《さまざま》なことが起《お》こり、自分《じぶん》の力《ちから》ではどうすることもできない場合《ばあい》もある。そんな中《なか》で私《わたし》たちができるのは、自分《じぶん》の心《こころ》をどの方向《ほうこう》に向《む》けるかだ。

前出《ぜんしゅつ》のお姑《しゅうとめ》さんと宗教家《しゅうきょうか》の問答《もんどう》は、次《つぎ》のように続《つづ》く。


「あなたは腹《はら》が立《た》つとき気持《きもち》が宜《よろ》しいですか。」

「気持《きもち》が悪《わる》くて悪《わる》くて、まったく地獄《じごく》の苦《くる》しみです。」

「その地獄《じごく》から逃《に》げ出《だ》したいと思《おも》いませんか。」

「逃《に》げ出《だ》したいので先生《せんせい》に御相談申上《ごそうだんもうしあ》げているのです。」

「そうでしょう。あなたの腹《はら》の中《なか》には、腹《はら》を立《た》てて自分《じぶん》で自分《じぶん》を地獄《じごく》へつき落《おと》している『自分《じぶん》』と、その地獄《じごく》から逃《のが》れたいと思《おも》っている『自《じ》分《ぶん》』と、二種類《しゅるい》の自分《じぶん》がいるようですね。」

「はい………」

「その二《ふた》つの自分《じぶん》のうち、どちらが『本当《ほんとう》の自分《じぶん》』か静《しず》かに坐《すわ》って考《かんが》えて御覧《ごらん》なさい。これから毎朝静坐《まいあさせいざ》して三十分間《ぷんかん》『本当《ほんとう》の自分《じぶん》は、腹《はら》を立《た》

てる自分《じぶん》ですか、腹《はら》を立《た》てるのを嫌《きら》う自分《じぶん》ですか』と自問自答《じもんじとう》して答《こた》えて御覧《ごらん》なさい。」（同書《どうしょ》二九〇ページ）

何《なに》かに遭遇《そうぐう》したとき、腹《はら》が立《た》ったり、不快《ふかい》に思《おも》うのは、自分中心《じぶんちゅうしん》に物事《ものごと》を考《かんが》えている場合《ばあい》が多《おお》い。自分《じぶん》の都合《つごう》や、自分《じぶん》でこうありたいとか、こうでなければならないと思《おも》っていると、それ以外《いがい》の物事《ものごと》が目《め》の前《まえ》に現《あらわ》れると不快《ふかい》であり、腹立《はらだ》たしいのである。そして自分《じぶん》の心《こころ》を傷《きず》つける。

嫌《いや》なことが起《お》こった時《とき》に、不快《ふかい》にならないというのは難《むずか》しい。けれどもその時《とき》にちょっと立《た》ち止《ど》まって、考《かんが》える余裕《よゆう》があるといい。その時《とき》に二《ふた》つのことを思《おも》い浮《う》かべる。一《ひと》つは、私《わたし》たちの目《め》の前《まえ》に起《お》こる出来事《できごと》は、必《かなら》ず何《なに》かを教《おし》えてくれているということだ。私《わたし》たちの足《た》りない所《ところ》や、自己中《じこちゅう》心的《しんてき》な部分《ぶぶん》などだ。

二《ふた》つ目《め》は、人《ひと》はみなそれぞれ独自《どくじ》の人生《じんせい》を生《い》きていて、物事《ものごと》の考《かんが》え方《かた》も違《ちが》う。また、人間《にんげん》は一見良《いっけんよ》い人《ひと》や悪《わる》い人《ひと》がいるように見《み》えても、人間《にんげん》の本質《ほんしつ》には、善性《ぜんせい》があり、全《すべ》ての人《ひと》がその善《ぜん》を表現《ひょうげん》しようと生《い》きている。表現《ひょうげん》の過程《かてい》では、未熟《みじゅく》な部分《ぶぶん》があったとしても、人間《にんげん》の善性《ぜんせい》を肯定《こうてい》する気持《きもち》があると、ただ一方的《いっぽうてき》に腹《はら》を立《た》てたり、非難《ひなん》する気持《きもち》にはならない。

私《わたし》たちの生《い》きる世界《せかい》は、心《こころ》によって作《つく》られるから、一瞬一瞬《いっしゅんいっしゅん》の私《わたし》たちの心《こころ》の動《うご》きは人生《じんせい》に重大《じゅうだい》な影響《えいきょう》を及《およ》ぼすものだ。その事《こと》をよく理解《りかい》していると、例《たと》え一時《いっとき》、腹立《はらだ》つことがあったとしても、心《こころ》の切《き》り替《か》えをしようと思《おも》うし、そのようなことが習慣《しゅうかん》になれば、心《こころ》の切《き》り替《か》えが上手《じょうず》になり、いたずらにだらだらと不快《ふかい》な思《おも》いを引《ひ》きずることもない。

宗教家《しゅうきょうか》に、どちらが本当《ほんとう》の自分《じぶん》か、自分《じぶん》の心《こころ》を見《み》つめなさいと言《い》われたお姑《しゅうとめ》さんは、ある朝忽然《あさこつぜん》と本当《ほんとう》の自分《じぶん》を見出《みいだ》したという。腹《はら》を立《た》てたのは、「我《が》」であり、自分《じぶん》の思《おも》うように、自分《じぶん》の好《す》きなようにと思《おも》う心《こころ》であった。それはにせものの自分《じぶん》であり、本当《ほんとう》の自分《じぶん》は、全《すべ》ての人《ひと》を思《おも》いやり、全《すべ》ての人《ひと》とつながっている自分《じぶん》であるとわかったということだ。

人間《にんげん》の心《こころ》には、自己中心的《じこちゅうしんてき》なにせものの心《こころ》と、良心《りょうしん》とも言《い》われる愛《あい》に満《み》ちた心《こころ》がある。「我《が》」の心《こころ》が出《で》ようとするとき、良心《りょうしん》が警戒《けいかい》サインを出《だ》す心《こころ》の習慣《しゅうかん》ができれば、豊《ゆた》かな楽《たの》しい日々《ひび》が過《す》ごせるだろう。

腹立つ心

心《こころ》の奥《おく》には、自分《じぶん》の行為《こうい》を
他《た》の人《ひと》の喜《よろこ》びにしたいという
願《ねが》いがある。

人《ひと》のために生《い》きる

「広《ひろ》い世界《せかい》に自分《じぶん》は独《ひと》り……私《わたし》を理解《りかい》してくれる人《ひと》は、誰《だれ》もいない。生《い》きるのは寂《さび》しく、つらいこと」

――こんな言葉《ことば》を、時々《ときどき》聞《き》くことがある。うつ病《びょう》で苦《くる》しむ人《ひと》、罪《つみ》を犯《おか》した人《ひと》の告白《こくはく》。それほど深刻《しんこく》でなくても、人《ひと》は時々《ときどき》、自分《じぶん》が理解《りかい》されないと寂《さび》しく感《かん》じ、孤独感《こどくかん》に襲《おそ》われることがある。

私《わたし》も二十代《だい》の頃《ころ》、時々《ときどき》そんな気持《きもち》になった。それは物事《ものごと》が自分《じぶん》の思《おも》い通《どお》りに行《い》かず、悲観的《ひかんてき》になっている時《とき》だった。家族《かぞく》がいて友達《ともだち》がいて、決《けっ》して孤独《こどく》ではないはずなのに、変《へん》に感傷的《かんしょうてき》になって自分《じぶん》の殻《から》に閉《と》じこもり、自分中心《じぶんちゅうしん》に物事《ものごと》を考《かんが》えていた。独身時代《どくしんじだい》には、そんな経験《けいけん》が誰《だれ》にもあるだろう。

やがて私《わたし》は人生《じんせい》の伴侶《はんりょ》に巡《めぐ》り合《あ》った。私《わたし》は安堵《あんど》し、孤独感《こどくかん》から解放《かいほう》された。やがて子供《こども》が生《う》まれ、子育《こそだ》てに懸命《けんめい》な日々《ひび》を過《す》ごした。人《ひと》のために生《い》きる時《とき》、孤独《こどく》など感《かん》じないものだ。

子供《こども》たちは、十八歳《さい》になると次々《つぎつぎ》に家《いえ》を出《で》て、自立《じりつ》の道《みち》を歩《あゆ》み始《はじ》めた。子供《こども》の巣立《すだ》ちとともに、私《わたし》は心《こころ》に穴《あな》が開《あ》いたような寂《さび》しさを感《かん》じた。が、これは親《おや》たる者《もの》が必《かなら》ず通《とお》る道《みち》である、と自分《じぶん》に言《い》い聞《き》かせ、〝前向《まえむ》き〟に気持《きもち》を切《き》り替《か》えた。子育《こそだ》てを終《お》えた後《あと》の良人《おっと》との生活《せいかつ》は、新婚時代《しんこんじだい》とは違《ちが》う重《おも》さをもった未知《みち》への挑戦《ちょうせん》や、思《おも》いがけない自由《じゆう》さがあった。そんな日々《ひび》の中《なか》で、お互《たが》いに六十歳《さい》を過《す》ぎると、若《わか》い頃《ころ》には〝永遠《えいえん》の伴侶《はんりょ》〟だと思《おも》った二人《ふたり》の生活《せいかつ》も、いつかは終《お》わるという現実《げんじつ》を実感《じっかん》するようになる。

「人生《じんせい》に終《お》わりなき宴《うたげ》なし」という中国《ちゅうごく》のことわざがある。どんなものにも必《かなら》ず終《お》わりがあるという意味《いみ》だ。終《お》わりがあるからこそ、今《いま》を一所懸命《いっしょけんめい》生《い》きようと思《おも》えるし、またつらい時《とき》には、それが永遠《えいえん》には続《つづ》かないというメッセージでもある。

この世《よ》のものにはすべて終《お》わりがあると自覚《じかく》することは、自分《じぶん》を謙虚《けんきょ》にする。私《わたし》たちは、自分《じぶん》の力《ちから》で何《なん》でもできると思《おも》いがちだが、孤独感《こどくかん》はその傲慢《ごうまん》さから来《く》る。自分《じぶん》や自分《じぶん》の置《お》かれた環境《かんきょう》を素直《すなお》な気持《きもち》で見渡《みわた》せば、自《じ》分《ぶん》だけの力《ちから》でできることなどほとんどない。私《わたし》たちの日常《にちじょう》は数限《かずかぎ》りない人々《ひとびと》の善意《ぜんい》と協力《きょうりょく》によって支《ささ》えられている。けれども物質的《ぶっしつてき》に豊《ゆた》かになればなるほど、自分《じぶん》の力《ちから》を過信《かしん》し、与《あた》えられている恩恵《おんけい》が見《み》えなくなりがちだ。

お釈迦様《しゃかさま》は王宮《おうきゅう》に暮《く》らしていて、物質的《ぶっしつてき》には何《なん》の不自由《ふじゆう》もない生活《せいかつ》の中《なか》で、生《い》きることに悩《なや》んで修行《しゅぎょう》の旅《たび》に出《で》た。わずかな従者《じゅうしゃ》と粗末《そまつ》な食糧《しょくりょう》だけで、山《やま》や森《もり》での厳《きび》しい修行《しゅぎょう》に心身《しんしん》を苦《くる》しめた。が、やがて「苦行《くぎょう》は悟《さと》りの因《いん》に非《あら》ず」と気《き》がつかれ、下山《げざん》して菩提樹《ぼだいじゅ》の下《した》で瞑想《めいそう》されたと伝《つた》えられている。独力《どくりょく》の修行《しゅぎょう》から、得《え》られるものは少《すく》なかったのだ。

痩《や》せさらばえた修行僧《しゅぎょうそう》に、バラモンの娘《むすめ》が牛乳粥《ぎゅうにゅうがゆ》を差《さ》し出《だ》した。森《もり》の中《なか》で雨露《あめつゆ》を飲《の》み、木《き》の実《み》や木《き》の皮《かわ》などを食《た》べて飢《う》えをしのいでいたお釈迦《しゃか》様《さま》に、美味《おい》しい牛乳粥《ぎゅうにゅうがゆ》が恵《めぐ》まれた。王宮《おうきゅう》に暮《く》らしていた時《とき》ならば、粗末《そまつ》な食事《しょくじ》と思《おも》ったかもしれない。が、その時《とき》、無一物《むいちもつ》で飢《う》えていたお釈迦様《しゃかさま》には、天《てん》からの恵《めぐ》みのように尊《とうと》く、ありがたく感《かん》じられたに違《ちが》いない。

この世界《せかい》は殺《ころ》し合《あ》い、奪《うば》い合《あ》い、食《く》い合《あ》いの世界《せかい》——と思《おも》って苦《くる》しんでいたお釈迦《しゃか》さまに、自分《じぶん》が要求《ようきゅう》したわけでもないのに、目《め》の前《まえ》に恵《めぐ》まれた粥《かゆ》。それはこの世《よ》が大《おお》いなる慈悲《じひ》、生《い》かそう生《い》かそうとしている目《め》に見《み》えない偉大《いだい》な力《ちから》に支《ささ》えられていることの証《あか》しだった。

世界《せかい》を見《み》る目《め》が逆転《ぎゃくてん》した。「自分《じぶん》が、自分《じぶん》が」と思《おも》っていた時《とき》には見《み》えなかったものが、見《み》えたのだろう。自分《じぶん》の力《ちから》などどこにもない。自分《じぶん》でできることなど何《なに》もないと分《わ》かって、周《まわ》りを見渡《みわた》せば、自分《じぶん》が何《なに》をしなくても、命《いのち》を生《い》かそうという大《おお》きな力《ちから》に満《み》ちている世界《せかい》が広《ひろ》がっていたのである。

人《ひと》は皆《みな》自分《じぶん》のために生《い》きていて、自分《じぶん》の利益《りえき》や得《とく》になることを優先《ゆうせん》して生《い》きているように見《み》える。しかし、それは表面《ひょうめん》の姿《すがた》だ。その心《こころ》の奥《おく》には、自分《じぶん》の行為《こうい》を他《た》の人《ひと》の喜《よろこ》びにしたいという願《ねが》いがある。

そんな人間《にんげん》の隠《かく》れた願《ねが》いを、表面《ひょうめん》に描《えが》き出《だ》した物語《ものがたり》がある。バーバラ・クーニー作《さく》の『ルピナスさん』（ほるぷ出版刊《しゅっぱんかん》）という絵本《えほん》である。主人公《しゅじんこう》のミス・ランフィアスは、子供《こども》の頃《ころ》おじいさんと約束《やくそく》をした――「世《よ》の中《なか》を、もっと美《うつく》しくするために、何《なに》かをする」と。しかし彼女《かのじょ》は、その約束《やくそく》を果《は》たせないまま年老《としお》いて、それが気《き》がかりでならなかった。そんなある春《はる》の日《ひ》、彼女《かのじょ》は自分《じぶん》の家《いえ》から見《み》える丘《おか》の向《む》こう側《がわ》へ、久《ひさ》しぶりに行《い》ってみた。するとあたり一面《いちめん》、ルピナスが色《いろ》とりどりの花《はな》を咲《さ》かせていた。そのルピナスは、自分《じぶん》の家《いえ》の花《はな》の種《たね》を、風《かぜ》や鳥《とり》が運《はこ》んだものだった。そのとき彼女《かのじょ》の頭《あたま》に、いい考《かんが》えがひらめいた。ルピナスの種《たね》を沢山《たくさん》買《か》って、村《むら》中《じゅう》をこの花《はな》で埋《う》めようと考《かんが》えたのだ。そして翌年《よくねん》の春《はる》、その村《むら》はルピナスの花《はな》でいっぱいとなり、彼女《かのじょ》は「ルピナスさん」と呼《よ》ばれて村人《むらびと》から感謝《かんしゃ》されたのである。

　おとぎ話《ばなし》のようだが、人《ひと》が生《い》きる意味《いみ》をさらりと教《おし》えてくれる。私《わたし》たちは、人《ひと》の喜《よろこ》ぶ顔《かお》を見《み》るために生《い》きている、といっても言《い》い過《す》ぎではないのだ。

第3章　神とは？

人《ひと》は皆《みな》その人《ひと》でなくてはならない、
人《ひと》と比《くら》べられない個性《こせい》を持《も》っている。

みんな違《ちが》って、みんな素晴《すば》らしい

人《ひと》の個性《こせい》というものを考《かんが》えたとき、私《わたし》の心《こころ》に浮《う》かんできたのは、金子《かねこ》みすゞの「みんなちがって、みんないい」という言葉《ことば》だった。

私《わたし》たちはどうしても人《ひと》と比《くら》べて自分《じぶん》を見《み》、良《よ》いとか悪《わる》いと思《おも》うことがある。また人《ひと》に優劣《ゆうれつ》をつけて、良《よ》い人悪《ひとわる》い人《ひと》、頭《あたま》が良《よ》い悪《わる》い、成功者《せいこうしゃ》、敗残者《はいざんしゃ》などとレッテルを貼《は》りたがる。それにどんな意味《いみ》があるのかと考《かんが》えると、ものごとを表面的《ひょうめんてき》に捉《とら》えて単純化《たんじゅんか》することにより、考《かんが》えや行動《こうどう》の効率《こうりつ》が上《あ》がり、楽《らく》に生《い》きることができると思《おも》うのだ。けれども実際《じっさい》は自分《じぶん》の住《す》む世《せ》界《かい》を狭《せま》くし、思考《しこう》は平板《へいばん》なものとなり、人《ひと》を思《おも》いやることや相手《あいて》の立場《たちば》に立《た》って考《かんが》えることが難《むずか》しくなる。

金子《かねこ》みすゞの「みんなちがって、みんないい」というのが、本当《ほんとう》の世界《せかい》だと思《おも》う。この世《よ》に全《まった》く同《おな》じ顔《かお》の人間《にんげん》がいないのと同《おな》じように、人《ひと》の個性《こせい》も様々《さまざま》だ。それらは決《けっ》して優劣《ゆうれつ》がつけられない。ところが前述《ぜんじゅつ》のように優《ゆう》劣《れつ》をつけたがるのは、自分《じぶん》の立場《たちば》、自分《じぶん》の考《かんが》えを中心《ちゅうしん》にして、人《ひと》を判断《はんだん》するからだ。考《かんが》えればこれは、とても傲慢《ごうまん》な行為《こうい》である。自分《じぶん》の考《かんが》え、自分《じぶん》の判断《はんだん》が正《ただ》しいと思《おも》うところから、このようなことができるのであるが、どうしてそうなるのだろう。

これはどんな人《ひと》も、それぞれ独自《どくじ》の世界《せかい》を生《い》きているからだ。この世《せ》界《かい》には現在《げんざい》（二〇二二年《ねん》）約《やく》八十億《おく》に近《ちか》い人間《にんげん》が住《す》んでいて、みんなこの地球《ちきゅう》という一《ひと》つの世界《せかい》で生《い》きているように思《おも》いがちだ。けれども実際《じっさい》には、八十億《おく》の人《ひと》がいれば、八十億《おく》の違《ちが》う世界《せかい》がある。人《ひと》の物《もの》の見方《みかた》、感《かん》じ方《かた》、考《かんが》え方《かた》はそれぞれ違《ちが》う。似《に》たところがあっても、同《おな》じということは絶対《ぜったい》にない。微妙《びみょう》なところで違《ちが》いがある。よく考《かんが》えればそれは当《あ》たり前《まえ》のことだ。同《おな》じ映画《えいが》を見《み》ても、同《おな》じ本《ほん》を読《よ》んでも、感《かん》じ方《かた》が違《ちが》う。同《おな》じ部分《ぶぶん》に感動《かんどう》したといっても、感動《かんどう》の仕方《しかた》はまた違《ちが》うのだ。だから人間《にんげん》は、その人独自《ひとどくじ》の心《こころ》の王国《おうこく》を持《も》っている。それぞれが主人公《しゅじんこう》なのだが、その自覚《じかく》のない人《ひと》が多《おお》い。心《こころ》の深《ふか》いところではこの主人公《しゅじんこう》の考《かんが》え方《かた》から、良《よ》いとか悪《わる》いとか判断《はんだん》するのであるが、その一方《いっぽう》で、自分《じぶん》の人生《じんせい》は周《まわ》りの様々《さまざま》な条件《じょうけん》によって影響《えいきょう》され、自分《じぶん》の力《ちから》ではどうすることもできないと思《おも》うのだ。

これは大《おお》いなる矛盾《むじゅん》であり、二重人格《にじゅうじんかく》のように思《おも》える。多《おお》くの人《ひと》がこの矛盾《むじゅん》、ジレンマで悩《なや》んでいるかもしれない。しかし人間《にんげん》はそんな頼《たよ》りないものではない。私《わたし》たち一人一人《ひとりひとり》は自分《じぶん》の人生《じんせい》を自分《じぶん》の思《おも》い通《どお》りにつくっているのだ。つくるものは、私《わたし》たち一人一人《ひとりひとり》の心《こころ》である。私《わたし》たちは自分《じぶん》では意識《いしき》していないかもしれないが、自分《じぶん》の人生《じんせい》の主人公《しゅじんこう》なのである。

ところがこの心《こころ》というものが曲者《くせもの》で、多《おお》くの人《ひと》が自分《じぶん》の心《こころ》が人生《じんせい》をつくっているなどということは信《しん》じられないと思《おも》うだろう。自分《じぶん》の思《おも》い通《どお》りに物事《ものごと》が進《すす》むなどというのは稀《まれ》であるからだ。けれども心《こころ》というのは、大《たい》変《へん》広《ひろ》い領域《りょういき》があり、私《わたし》たちが自分《じぶん》で意識《いしき》できる心《こころ》というのは、心《こころ》全体《ぜんたい》の一割《わり》か二割《わり》である。残《のこ》りの心《こころ》は潜在意識《せんざいいしき》、無意識《むいしき》といわれる心《こころ》で、その心《こころ》の影響《えいきょう》が大《おお》きいのは割合《わりあい》を見《み》てもわかるだろう。だから自分《じぶん》でわかる自分《じぶん》の心《こころ》すなわち現在意識《げんざいいしき》でこうなりたい、こうしたいと思《おも》っても潜在意識《せんざいいしき》がそれは無理《むり》だとか、そんなことできるわけがないと思《おも》っていたらそれはできないのだ。

そして自分《じぶん》の願《ねが》いが叶《かな》わないのは、運命《うんめい》の所為《せい》だとか環境《かんきょう》の所為《せい》だとか思《おも》うのであるが、本当《ほんとう》は自分《じぶん》の心《こころ》の仕業《しわざ》なのである。心《こころ》はどのようにしてつくられるかというと、その人《ひと》が一瞬《いっしゅん》一瞬《いっしゅん》何《なに》を思《おも》うか、どんな言葉《ことば》を使《つか》うか、どのように行動《こうどう》するかによってつくられる。人生《じんせい》は思《おも》うようにいかないものだと思《おも》っていたら、そういう心《こころ》がつくる環境《かんきょう》になるのだ。人《ひと》によっては何事《なにごと》も上手《うま》くいく人《ひと》がいるが、その人《ひと》は努力《どりょく》をすれば叶《かな》わないことはないと強《つよ》く信《しん》じている人《ひと》だろう。

心《こころ》でつくられるといっても、ただ思《おも》っただけでそれができるわけではない。心《こころ》で思《おも》うことと、言葉《ことば》で表現《ひょうげん》すること、そして行動《こうどう》することによって、私《わたし》たちは自分《じぶん》の人生《じんせい》をつくり上《あ》げていくのである。このことは、「身《しん》・口《く》・意《い》」の三業《さんごう》と言《い》われ、心《こころ》の創化力《そうかりょく》として作用《さよう》するのである。人《ひと》は皆《みな》その人《ひと》でなくてはならない、人《ひと》と比《くら》べられない個性《こせい》を持《も》っている。その個性《こせい》を十分《じゅうぶん》に発揮《はっき》するには、心《こころ》で人生《じんせい》がつくられることを知《し》り、言葉《ことば》の使《つか》い方《かた》を意識《いしき》しなくてはならない。

そして最《もっと》も大切《たいせつ》なことは、環境《かんきょう》や周《まわ》りの人《ひと》、あるいはあらかじめ定《さだ》められた運命《うんめい》などによって、私《わたし》たちの人生《じんせい》は影響《えいきょう》されるものではないと知《し》ることだ。私《わたし》たち一人一人《ひとりひとり》が運命《うんめい》の主人公《しゅじんこう》なのである。環境《かんきょう》を引《ひ》き寄《よ》せているのは自分自身《じぶんじしん》の心《こころ》である。だから、自分《じぶん》の心《こころ》の傾向《けいこう》、習慣《しゅうかん》を変《か》えることが何《なに》よりも大切《たいせつ》だ。習慣《しゅうかん》というのは、一瞬一瞬《いっしゅんいっしゅん》の「心《こころ》と言葉《ことば》と行動《こうどう》」によってつくられる。心《こころ》の習慣《しゅうかん》というのは、無意識《むいしき》という言葉《ことば》があるように、自《じ》動的《どうてき》に繰《く》り返《かえ》される。だから最初《さいしょ》は無理《むり》にでも意識《いしき》して、良《よ》い心《こころ》の習慣《しゅうかん》に変《か》えていくことがとても大切《たいせつ》だ。

「私《わたし》は素晴《すば》らしい無限能力者《むげんのうりょくしゃ》」

「私《わたし》はいつも明《あか》るく親切《しんせつ》だ」

　こんな言葉《ことば》を繰《く》り返《かえ》し繰《く》り返《かえ》し言《い》い続《つづ》けることで、コトバの創化力《そうかりょく》によって心《こころ》の習慣《しゅうかん》は変化《へんか》する。

　人《ひと》は「みんな違《ちが》って、みんな素晴《すば》らしい」。だから、そのことを信《しん》じて、明《あか》るく前向《まえむ》きに日々《ひび》努力《どりょく》することによって、その人《ひと》の天性《てんせい》の個性《こせい》がいよいよ輝《かがや》いてくるに違《ちが》いない。

みんな違って、みんな素晴らしい

人間《にんげん》の本質《ほんしつ》に神《かみ》が宿《やど》るから、
すべての存在《そんざい》の背後《はいご》に
神《かみ》を見《み》出《いだ》すことができ、
人《ひと》は心《こころ》の安《やす》らぎと喜《よろこ》びを感《かん》じるのだ。

祈《いの》るということ

「お幸《しあわ》せをお祈《いの》りします」「健《すこ》やかな日々《ひび》を祈念《きねん》します」などと人《ひと》への便《たよ》りの最後《さいご》に書《か》いたりして、私《わたし》たちは普通《ふつう》に「祈《いの》る」という言葉《ことば》を使《つか》う。

辞書《じしょ》では、

「いのり・（祈《いの》り）」

いのること。神仏《しんぶつ》に加護《かご》・救済《きゅうさい》などを請《こ》い願《ねが》うこと。祈願《きがん》。祈祷《きとう》、祈念《きねん》。

「いのる・（祈《いの》る）」

神《かみ》や仏《ほとけ》に願《ねが》う。祈願《きがん》する。心《こころ》から願《ねが》っている。希望《きぼう》する。

このように示《しめ》されている。

神《かみ》や仏《ほとけ》に自分《じぶん》の希望《きぼう》をかなえてもらうように祈《いの》ることは、多《おお》かれ少《すく》なかれ誰《だれ》にでもあるのではないかと思《おも》う。またお正月《しょうがつ》に神社《じんじゃ》に初詣《はつもうで》をして、一年《ねん》の安寧《あんねい》を祈願《きがん》したり、新《あたら》しい年《とし》の自分《じぶん》の抱負《ほうふ》などを神《かみ》に誓《ちか》う人《ひと》もいるだろう。

一般的《いっぱんてき》には「祈《いの》り」は懇願《こんがん》や祈願《きがん》などと同《おな》じように扱《あつか》われ、自分《じぶん》の希望《きぼう》や願《ねが》いをかなえるために、神《かみ》や仏《ほとけ》に祈《いの》ることと思《おも》われている場合《ばあい》が多《おお》い。

けれども生長《せいちょう》の家《いえ》で祈《いの》りというと、このように単純《たんじゅん》なものではない。『観世音菩薩讃歌《かんぜおんぼさつさんか》』＊1（谷口雅宣《たにぐちまさのぶ》著《ちょ》）には、「祈《いの》り」という項《こう》がある。そこにはどう書《か》かれているかというと、

「祈《いの》り」は命《いのち》の宣《の》り言《ごと》なり、
生命《いのち》の底《そこ》からの実在《じつざい》の宣言《せんげん》なり。

＊1　生長の家刊

と示《しめ》されている。

「実在《じつざい》の宣言《せんげん》」とはどういうことなのかと、疑問《ぎもん》に思《おも》う人《ひと》もいるだろう。このような言葉《ことば》の背後《はいご》には、生長《せいちょう》の家《いえ》の唯一絶対《ゆいいつぜったい》の善一元《ぜんいちげん》の神《かみ》への信仰《しんこう》がある。生長《せいちょう》の家《いえ》はいわゆる一神教《いっしんきょう》で、この世界《せかい》の創《つく》り主《ぬし》あるいは第一原因《だいいちげんいん》者《しゃ》を神《かみ》と呼《よ》び、その神《かみ》は善《ぜん》なる存在《そんざい》であると信《しん》じるのだ。

私《わたし》たちが現実《げんじつ》に生活《せいかつ》する世界《せかい》には、善《ぜん》もあれば悪《あく》もある。そして神《かみ》は善《ぜん》なる存在《そんざい》で、この世《よ》の悪《あく》と戦《たたか》う、あるいは悪《あく》と対立《たいりつ》する神《かみ》というような見《み》方《かた》をする人《ひと》も多《おお》い。そうすると、もし神《かみ》が創《つく》り主《ぬし》ならば、なぜ神《かみ》は悪《あく》をつくっているのに善《ぜん》なのかという疑問《ぎもん》が湧《わ》く。神《かみ》が悪《あく》をつくったのならば、それは自己撞着《じこどうちゃく》ではないか、悪《あく》をつくる神《かみ》など信《しん》じられないと思《おも》う人《ひと》もいる。

けれども生長《せいちょう》の家《いえ》では、この現実《げんじつ》の世界《せかい》は神《かみ》によってつくられた世界《せかい》ではなく、人間《にんげん》の心《こころ》によってつくられた世界《せかい》であるというのだ。このことは仏教《ぶっきょう》でも説《と》かれていて、私《わたし》たちが生《い》きる世界《せかい》は「唯心所現《ゆいしんしょげん》」で、現実《げんじつ》の世《せ》界《かい》は、ただ私《わたし》たちの心《こころ》の現《あら》わす所《ところ》であるというのだ。そしてその世界《せかい》を現《げん》象《しょう》世界《せかい》という。

それでは、善一元《ぜんいちげん》の神《かみ》が創《つく》った世界《せかい》はどういうものかというと、完全《かんぜん》な存在《そんざい》を神《かみ》というのであるから悪《あく》はなく、物質《ぶっしつ》のように儚《はかな》いものではなく、永遠《えいえん》にあり続《つづ》ける実在《じつざい》で、それは理念《りねん》あるいはイデアと捉《とら》える。そして人《にん》間《げん》は神《かみ》の子《こ》で本質《ほんしつ》には神《かみ》が宿《やど》る素晴《すば》らしい存在《そんざい》であるというのだ。このことを『甘露《かんろ》の法雨《ほうう》』＊2（谷口雅春著《たにぐちまさはるちょ》）の中《なか》では、神《かみ》と人間《にんげん》の関係《かんけい》を光源《こうげん》と光《ひかり》に例《たと》えて説《と》かれている。

神《かみ》は人間《にんげん》の光源《ひかりのみなもと》にして
人間《にんげん》は神《かみ》より出《い》でたる光《ひかり》なり。
光《ひかり》の無《な》き光源《こうげん》はなく、

＊2　日本教文社刊、現在品切中

光源《こうげん》の無《な》き光《ひかり》はなし。
光《ひかり》と光源《こうげん》とは一体《いったい》なるが如《ごと》く
人間《にんげん》と神《かみ》とは一体《いったい》なり。

このように示《しめ》されている。
私《わたし》たち人間《にんげん》の心《こころ》の底《そこ》には、善《ぜん》を求《もと》め完全《かんぜん》を求《もと》める強《つよ》い願《ねが》いがある。この願《ねが》いこそが人間《にんげん》の本性《ほんせい》であるというのだ。
また『観世音菩薩讃歌《かんぜおんぼさつさんか》』には、さらにこのように示《しめ》されている。

祈《いの》りは、
神《かみ》の御心《みこころ》と汝《なんじ》らの心《こころ》との導管《パイプ》にして
神《かみ》との交流《こうりゅう》の楽園《らくえん》なり。
汝《なんじ》ら、

神《かみ》とのパイプを常《つね》に開《ひら》き、
楽園《らくえん》を逍遥《しょうよう》し
神《かみ》の豊《ゆた》かなるアイディアを受《う》けつつ
人生《じんせい》のカンバスに喜《よろこ》びを描《えが》くべし。
これこそ本来《ほんらい》の祈《いの》りなり。

私《わたし》たちはたとえば、病気《びょうき》を治《なお》してもらいたいとか職《しょく》が得《え》られるようになど、自分《じぶん》に不足《ふそく》しているものを求《もと》めるために祈《いの》ることがある。このような祈《いの》りは、あまりかなえられないことが多《おお》い。何故《なぜ》なら、病気《びょうき》を例《れい》にとると、病気《びょうき》の自分《じぶん》をしっかり心《こころ》でつかみ、この病気《びょうき》を何《なん》とか治《なお》してほしいと願《ねが》うからである。その人《ひと》の心《こころ》の中《なか》には病気《びょうき》の自分《じぶん》が今現実《いまげんじつ》に感《かん》じられるから、強《つよ》い印象《いんしょう》としてあるので、現実《げんじつ》の世界《せかい》が心《こころ》でつくられるという「唯心《ゆいしん》所現《しょげん》」の法則《ほうそく》に当《あ》てはめると、いよいよ病気《びょうき》は明《あき》らかになるということだ。

だからその反対《はんたい》をする必要《ひつよう》がある。それが「実在《じつざい》の宣言《せんげん》」ということになる。

病気《びょうき》の自分《じぶん》を思《おも》うのではなく、健康《けんこう》な自分《じぶん》を心《こころ》に強《つよ》く印象《いんしょう》付《づ》けるのが、正《ただ》しい祈《いの》りだ。健康《けんこう》な自分《じぶん》になりたいなら、健康《けんこう》な自分《じぶん》を心《こころ》に強《つよ》く印象《いんしょう》付《づ》けるのだ。不足《ふそく》を思《おも》い、不如意《ふにょい》を描《えが》き、それを何《なん》とかしてくださいではなく、善一元《ぜんいちげん》の神《かみ》を心《こころ》に強《つよ》く描《えが》くことにより、なりたい自分《じぶん》、こうありたい自分《じぶん》になるのである。祈《いの》りというものはそのように、人間《にんげん》の本質《ほんしつ》に神《かみ》を見《み》て、神《かみ》との一体《いったい》の自覚《じかく》を深《ふか》めていくためにある。

生長《せいちょう》の家《いえ》では「神想観《しんそうかん》」という瞑想法《めいそうほう》があり、これは人間《にんげん》の本質《ほんしつ》である神《かみ》を想《おも》い観《かん》じて、神《かみ》との一体感《いったいかん》を深《ふか》めるための祈《いの》りである。私《わたし》たちは普段《ふだん》、現実《げんじつ》の世界《せかい》の様々《さまざま》な出来事《できごと》に心《こころ》が振《ふ》り回《まわ》され、あの問題《もんだい》はどうすればいいのか、このことはうまくいかないけれど、その原因《げんいん》は何《なん》なのかなどと常《つね》に心《こころ》を悩《なや》ませていることが多《おお》いのではないかと思《おも》う。そして自分《じぶん》が生《い》きているのは自分《じぶん》の力《ちから》によるものだというような、尊大《そんだい》な気持《きもち》を持《も》っている。

体《からだ》のどこかが故障《こしょう》したり、怪我《けが》をしたりすると、謙虚《けんきょ》な気持《きもち》になるが、その原因《げんいん》を自分《じぶん》の環境《かんきょう》や人《ひと》の所為《せい》にしていると、本当《ほんとう》の意味《いみ》で生活《せいかつ》の改善《かいぜん》には結《むす》びつかない。そんな時《とき》、多《おお》くの人《ひと》やもののお陰《かげ》で自分《じぶん》が存在《そんざい》することに気《き》が付《つ》き、自分《じぶん》が何《なに》もしなくても、体《からだ》の諸器官《しょきかん》が素晴《すば》らしい働《はたら》きをしてくれて、自分《じぶん》という存在《そんざい》があることに気《き》が付《つ》くと、ものの見方《みかた》が変《か》わってくる。何《なに》がこのような働《はたら》きの元《もと》なのかと考《かんが》えると、それは大《おお》いなる神秘《しんぴ》であり、その背後《はいご》には神《かみ》が存在《そんざい》するということが分《わ》かる。

人間《にんげん》は本来《ほんらい》そのことを知《し》っているが、現実世界《げんじつせかい》の様々《さまざま》な出来事《できごと》に振《ふ》り回《まわ》されていると、心《こころ》の奥深《おくふか》くに眠《ねむ》ってしまうのだ。人間《にんげん》の本質《ほんしつ》に神《かみ》が宿《やど》るから、すべての存在《そんざい》の背後《はいご》に神《かみ》を見出《みいだ》すことができ、人《ひと》は心《こころ》の安《やす》らぎと喜《よろこ》びを感《かん》じるのだ。そのような神《かみ》との一体感《いったいかん》をより強固《きょうこ》なものにするために、神想観《しんそうかん》という祈《いの》りがある。

人間《にんげん》は神《かみ》の子《こ》であり、光《ひかり》と光源《こうげん》とが一体《いったい》であるように、人間《にんげん》と神《かみ》とは一《いっ》体《たい》なのだ。そのことを忘《わす》れず、すべての存在《そんざい》に支《ささ》えられて生《い》きていることに限《かぎ》りない感謝《かんしゃ》の思《おも》いをもてば、この世界《せかい》に恐《おそ》れるものは何《なに》もない。

人《ひと》が生《い》きることは、
大《おお》いなる恩寵《おんちょう》の中《なか》での
営《いとな》みであるということが分《わ》かる。

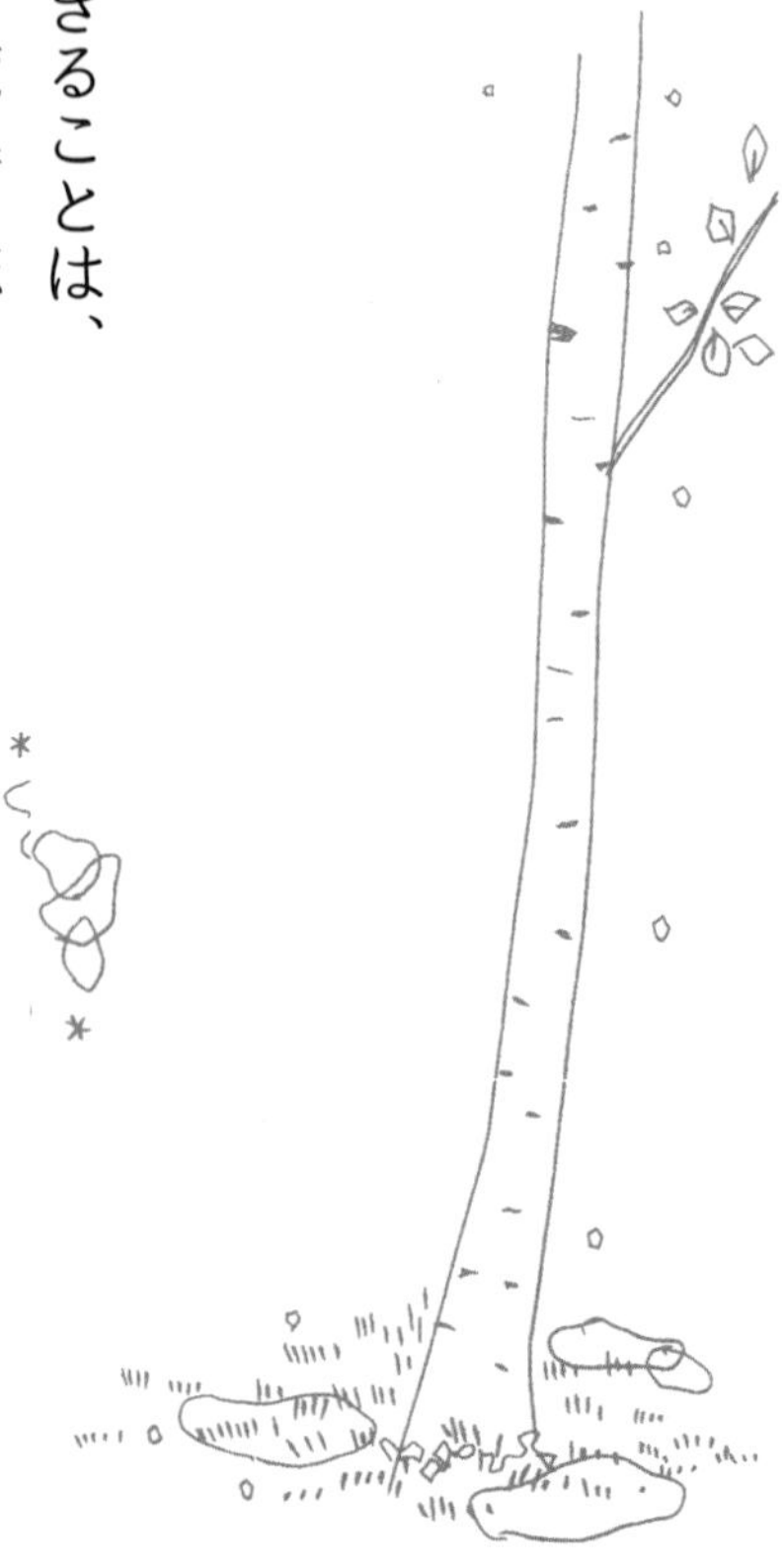

人《ひと》は永遠《えいえん》に生《い》きる

私《わたし》は最近《さいきん》、人《ひと》に死《し》があることは、ある意味《いみ》で大《おお》いなる恩寵《おんちょう》ではないかと思《おも》うようになった。なんという不遜《ふそん》なことをと思《おも》われるかもしれない。

「人《ひと》はなぜ死《し》ぬのか」

「人《ひと》はなぜ永遠《えいえん》に生《い》きられないのか」

誰《だれ》もが抱《いだ》く疑問《ぎもん》であり、そこから人生《じんせい》に対《たい》する悩《なや》みや苦《くる》しみも生《しょう》ずる。永遠《えいえん》に生《い》きたいと、どの人《ひと》も願《ねが》うのだ。自殺《じさつ》をする人《ひと》はどうなのかという問《と》いもあるが、自殺《じさつ》は、人生《じんせい》に絶望《ぜつぼう》したり、自分《じぶん》の思《おも》うように生《い》きられない悩《なや》みからの行為《こうい》であることが多《おお》い。生《い》きることがあまりに辛《つら》いと、自殺《じさつ》することにより、苦《くる》しみから逃《のが》れられると思《おも》うのだろう。

幼《おさな》い頃《ころ》、親《おや》などの身近《みぢか》な人《ひと》を亡《な》くした人《ひと》は、人《ひと》が死《し》ぬことに対《たい》する悲《かな》しみ、無常感《むじょうかん》はより深《ふか》い。私自身《わたしじしん》、「死《し》」は怖《こわ》いし、いつ訪《おとず》れるかしれないと真剣《しんけん》に考《かんが》えれば恐《おそ》ろしい。「でも」と思《おも》う。もし人間《にんげん》に「死《し》」というものがなければ、この世《よ》はもっと単調《たんちょう》で、人々《ひとびと》の生活《せいかつ》は間延《まの》びした、怠《なま》け者《もの》のようになるのではないかと。

私《わたし》たちの生《い》きる世界《せかい》では、一度《いちど》会《あ》った人《ひと》に必《かなら》ずもう一度《いちど》会《あ》えるという保《ほ》証《しょう》は全《まった》くない。たとえどんなに親《した》しく、身近《みぢか》な人《ひと》であっても、次《つぎ》の瞬間《しゅんかん》死《し》ぬかもしれない可能性《かのうせい》を持《も》っている。普段《ふだん》はそんなことを意識《いしき》の表面《ひょうめん》に上《のぼ》らせないで生《い》きているが、心《こころ》の奥底《おくそこ》ではそのことを皆《みな》知《し》っている。愛《あい》する人《ひと》、親《した》しい人《ひと》といずれは別《わか》れがあるからこそ、今《いま》の一瞬《いっしゅん》を大切《たいせつ》に生《い》きようと思《おも》う心《こころ》が起《お》こる。けれども、永遠《えいえん》にその関係《かんけい》が続《つづ》くものなら、そんな緊《きん》張感《ちょうかん》は生《う》まれないだろう。

自分《じぶん》が死《し》ぬときを、人生《じんせい》のゴールのように思《おも》っている人《ひと》もいる。ゴールとまでいわなくても、人生《じんせい》を終《お》わるときに、ある程度《ていど》自分《じぶん》で満足《まんぞく》できるようであればいいと思《おも》う。だからより良《よ》く生《い》きるために、人《ひと》は様々《さまざま》なことをする。新《あたら》しい年《とし》に何《なに》かを始《はじ》めようと決意《けつい》するのも、人間《にんげん》の向上心《こうじょうしん》から来《き》ているが、限《かぎ》られた命《いのち》だからこそ、そのような思《おも》いがふつふつと湧《わ》いてくるのだ。

お正月《しょうがつ》に家族《かぞく》が集《あつ》まった時《とき》、間《ま》もなく二歳《さい》になる孫《まご》が、注目《ちゅうもく》を集《あつ》めていた。片言《かたこと》を話《はな》すようになり、楽《たの》しくにぎやかにはしゃぐからだ。その孫《まご》の姿《すがた》を、八十九歳《さい》になる私《わたし》の父《ちち》が少《すこ》し離《はな》れて見《み》ていた。父《ちち》にとっては、初曾《はつひ》孫《まご》である。父《ちち》はどんな思《おも》いで、曾孫《ひまご》を見《み》ているのだろうかと思《おも》った。「この孫《まご》の歳《とし》のとき、父《ちち》の母親《ははおや》は亡《な》くなったのだなあ」と、私《わたし》は思《おも》い出《だ》していた。父《ちち》はそんなことは全《まった》く考《かんが》えていなかったかも知《し》れないが、私《わたし》の胸《むね》には切《せつ》ない思《おも》いが過《よぎ》った。

父《ちち》は八十九歳《さい》とは思《おも》えないくらい、周《まわ》りの人《ひと》も驚《おどろ》くほど元気《げんき》だ。話《はな》すことは今日《きょう》のことではなく、必《かなら》ず明日《あす》からの未来《みらい》のことである。自分《じぶん》は永遠《えいえん》に生《い》きると思《おも》っているのではないかと見《み》えるほどだ。けれどもそれは、年《とし》を取《と》って死《し》を身近《みぢか》に感《かん》じる人《ひと》だからこその言動《げんどう》かもしれない。

私《わたし》自身《じしん》の若《わか》い頃《ころ》のことを考《かんが》えると、人生《じんせい》は永遠《えいえん》に続《つづ》くと思《おも》っているから、一カ月先《げつさき》の予定位《よていくらい》は立《た》てても、一年先《ねんさき》、二年先《ねんさき》などとても長《なが》い時間《じかん》に感《かん》じられた。先《さき》の予定《よてい》を立《た》てるよりも、何《なに》が起《お》こるかわからない不安定《ふあんてい》な中《なか》で、沢山《たくさん》の選択肢《せんたくし》があるように思《おも》えて、どの道《みち》を行《い》けばよいのか迷《まよ》っていた。勿論《もちろん》、死《し》などは身近《みぢか》にない。身近《みぢか》にはないが、親《した》しい人《ひと》や知人《ちじん》の死《し》はあったから、そんな時《とき》死《し》を憎《にく》む気持《きもち》が起《お》き、人生《じんせい》が空《むな》しく感《かん》じられた。永遠《えいえん》に生《い》きることができれば、心安《こころやす》らかに人生《じんせい》を送《おく》ることができるのにと思《おも》ったものだ。

現在《げんざい》は医療技術《いりょうぎじゅつ》の発達《はったつ》などにより、人《ひと》は長生《ながい》きできるようになったが、だれもが健康長寿《けんこうちょうじゅ》というわけにはいかない。寝《ね》たきりや認知症《にんちしょう》で、長生《ながい》きしている場合《ばあい》も多《おお》い。生殖医療《せいしょくいりょう》などで、健康長寿《けんこうちょうじゅ》を進《すす》めようという動《うご》きもあるが、これらの背後《はいご》には、人間《にんげん》が肉体的存在《にくたいてきそんざい》で、人《ひと》の命《いのち》はこの世《よ》だけのものという考《かんが》え方《かた》がある。だから肉体《にくたい》に執着《しゅうちゃく》し、肉体《にくたい》を何《なん》とか永《なが》らえようと、必死《ひっし》になるのだ。

生長《せいちょう》の家《いえ》では、人《ひと》の命《いのち》の永生《えいせい》を説《と》く。人《ひと》の命《いのち》は永遠《えいえん》に生《い》き続《つづ》け、肉体《にくたい》はこの地球《ちきゅう》という天体《てんたい》で生活《せいかつ》するための宇宙服《うちゅうふく》のようなものだというのである。宇宙服《うちゅうふく》だから、長《なが》く着《き》ているとほころびも出《で》てきて、新《あたら》しいものに着《き》替《が》える必要《ひつよう》がある。これが人間《にんげん》の死《し》だと考《かんが》えるのだ。

あらゆる生命現象《せいめいげんしょう》では、新陳代謝《しんちんたいしゃ》が行《おこな》われる。それは人間《にんげん》の肉体《にくたい》においても同《おな》じだ。人《ひと》の命《いのち》は永遠《えいえん》に生《い》き続《つづ》けるが、肉体《にくたい》は古《ふる》くなれば朽《く》ち果《は》て、肉体《にくたい》の死《し》によって、命《いのち》は活動《かつどう》の場《ば》を変《か》えて、魂《たましい》に新《あら》たな経歴《けいれき》を加《くわ》えていく。それはマンネリに陥《おちい》らず、飽《あ》きるということもなく、新鮮《しんせん》な命《いのち》の活動《かつどう》が行《おこな》われる。このような見方《みかた》をすれば、人《ひと》が生《い》きることは、大《おお》いなる恩寵《おんちょう》の中《なか》での営《いとな》みであるということが分《わ》かる。

父《ちち》の話《はなし》に戻《もど》るが、二歳《さい》で母《はは》を亡《な》くした父《ちち》は、四歳《さい》で父《ちち》も亡《な》くし、哀《あわ》れであるとこの世《よ》の常識《じょうしき》は言《い》う。けれども父《ちち》は、父母《ふぼ》がいない寂《さび》しさに耐《た》え、周《まわ》りの人々《ひとびと》に支《ささ》えられながら人生《じんせい》を切《き》り開《ひら》いてきた。目《め》には見《み》えないが、亡《な》くなった両親《りょうしん》の愛念《あいねん》も父《ちち》の人生《じんせい》に大《おお》きな力《ちから》になっただろう。厳《きび》しい前半《ぜんはん》生《せい》だったかもしれないが、だからこそ、八十九歳《さい》の今《いま》も人《ひと》がうらやむほど元気《げんき》で、前向《まえむ》きな人生《じんせい》を送《おく》ることができるのだと私《わたし》は思《おも》う。

人《ひと》の生死《せいし》は一様《いちよう》でなく、長短《ちょうたん》はあっても、人《ひと》はみなその人《ひと》でなければならない人生《じんせい》を歩《あゆ》み、レッスンに励《はげ》む。目《め》には見《み》えないが、死《し》んだ人《ひと》も、生《い》きている人《ひと》と命《いのち》においてお互《たが》いに繋《つな》がっている。

死《し》は憎《にく》むものではなく、よりよく生《い》きよとのメッセージであると気《き》が付《つ》いて、私《わたし》はより積極的《せっきょくてき》に日々《ひび》を生《い》きようという思《おも》いが強《つよ》くなった。

「父母《ふぼ》を、家族《かぞく》を、身近《みぢか》な人《ひと》を、すべての人《ひと》を愛《あい》そう、そして感謝《かんしゃ》しよう」

この思《おも》いを心《こころ》の中心《ちゅうしん》に据《す》える時《とき》、恐《おそ》れるものは何《なに》もない。そうすれば、自《じ》分《ぶん》の命《いのち》が肉体《にくたい》の死《し》を超《こ》えて、永遠《えいえん》に生《い》き続《つづ》けるということを、安心感《あんしんかん》とともに信《しん》じられるようになる。

実際《じっさい》に肉体《にくたい》の死《し》があるのに、なぜ目《め》に見《み》えない永遠《えいえん》の命《いのち》など信《しん》じることができるかと問《と》う人《ひと》があるかもしれない。けれども私《わたし》たちが大切《たいせつ》に思《おも》っている愛《あい》や信頼《しんらい》、まごころなどというものはみな目《め》に見《み》えないが、私《わたし》たちはそれらを尊重《そんちょう》し、敬《うやま》い、生《い》き甲《が》斐《い》とし、実際《じっさい》に永遠《えいえん》の命《いのち》を求《もと》めている。本《ほん》当《とう》に大切《たいせつ》なものは、みな目《め》に見《み》えないものばかりである。

　多《おお》くの人《ひと》とのつながりの中《なか》で、私《わたし》たちは永遠《えいえん》の命《いのち》を生《い》きていくのだ。

第4章 自然と人間の深いつながり

私《わたし》たち一人《ひとり》一人《ひとり》の心《こころ》は
宇宙大《うちゅうだい》に広《ひろ》がり、
環境《かんきょう》を変《か》えていくことができる
存在《そんざい》なのだ。

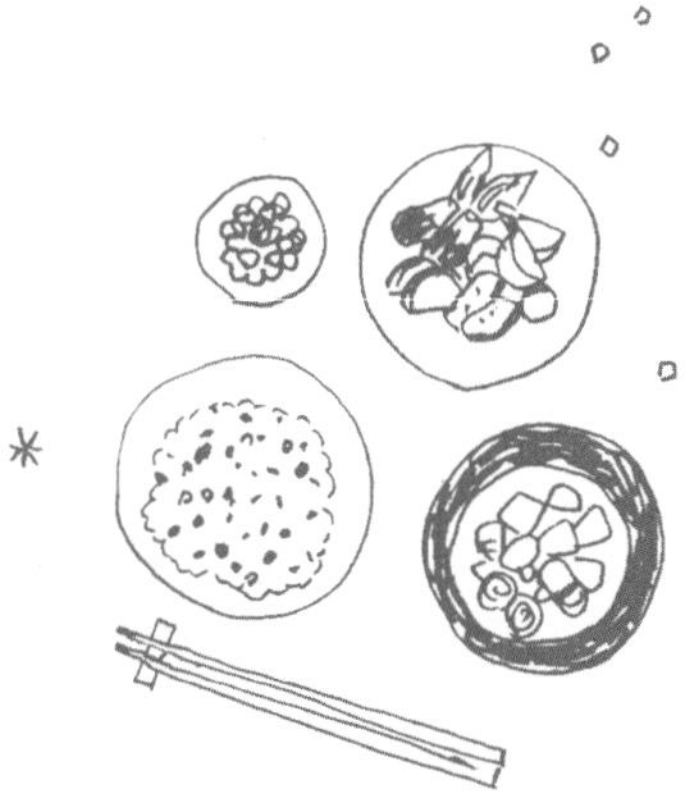

発酵食《はっこうしょく》を考《かんが》える

新型《しんがた》コロナウイルスの発生以来《はっせいいらい》、発酵食品《はっこうしょくひん》に注目《ちゅうもく》が集《あつ》まっている。色々《いろいろ》な雑誌《ざっし》が発酵食品《はっこうしょくひん》について特集《とくしゅう》を組《く》んだり、レシピの紹介《しょうかい》に熱心《ねっしん》だ。免疫《めんえき》細胞《さいぼう》の七〇パーセントは腸内《ちょうない》に存在《そんざい》し、腸内環境《ちょうないかんきょう》をよくすることが免疫細《めんえきさい》胞《ぼう》であるナチュラルキラー細胞《さいぼう》の働《はたら》きを活発《かっぱつ》にする。腸内環境《ちょうないかんきょう》を整《ととの》える強《つよ》い味方《みかた》が発酵食品《はっこうしょくひん》というわけだ。

かく言《い》う私《わたし》も、今《いま》までは特《とく》に発酵食品《はっこうしょくひん》を意識《いしき》することはなかったが、最《さい》近《きん》は炊飯器《すいはんき》で作《つく》る甘酒《あまざけ》に挑戦《ちょうせん》したり、自分《じぶん》で塩麹《しおこうじ》を作《つく》ったりした。発酵《はっこう》食品《しょくひん》は元々《もともと》私《わたし》たちの日常《にちじょう》の食卓《しょくたく》に数多《かずおお》く並《なら》んでいる。

しょうゆや味噌《みそ》をはじめ漬物《つけもの》などはみな発酵食品《はっこうしょくひん》だ。私《わたし》は夏《なつ》にはぬか味《み》噌《そ》で野菜《やさい》を漬《つ》けるし、冬《ふゆ》にはキムチも常備菜《じょうびさい》のようにして作《つく》っている。酒《さけ》粕《かす》はほとんど一年中《ねんじゅう》、色々《いろいろ》な料理《りょうり》に使《つか》っていて、ヨーグルトは毎日《まいにち》、納豆《なっとう》やチーズもよく食卓《しょくたく》に上《のぼ》る。このように数《かぞ》え上《あ》げると、多《おお》くの人《ひと》が特《とく》に意《い》識《しき》しなくても日常的《にちじょうてき》に発酵食品《はっこうしょくひん》を身近《みぢか》に口《くち》にしているのではないかと思《おも》う。

日本《にっぽん》には各地域《かくちいき》にその地方独特《ちほうどくとく》の風土《ふうど》から生《う》まれた発酵食品《はっこうしょくひん》が沢山《たくさん》あるが、世界各地《せかいかくち》にも様々《さまざま》な発酵食品《はっこうしょくひん》があり、人類《じんるい》は自然界《しぜんかい》に存在《そんざい》する酵母菌《こうぼきん》や麹《こうじ》の力《ちから》を借《か》りて、保存食品《ほぞんしょくひん》をはじめとして色々《いろいろ》な発酵食《はっこうしょく》を作《つく》ってきた。それは現代《げんだい》のように食料《しょくりょう》が簡単《かんたん》に手《て》に入《はい》らず、冷蔵庫《れいぞうこ》などもなかったから、食品《しょくひん》を保存《ほぞん》するためには欠《か》かせないものだった。特《とく》に寒《さむ》い地方《ちほう》では、作物《さくもつ》の収穫《しゅうかく》がほとんどない冬《ふゆ》を生《い》き延《の》びるための食料《しょくりょう》を蓄《たくわ》えなければ、それは死《し》を意味《いみ》し、発酵食《はっこうしょく》は生《い》き延《の》びるための知恵《ちえ》でもあった。

今《いま》は二〇二一年《ねん》の八月《がつ》であるが、新型《しんがた》コロナウイルスは、日本《にっぽん》ではワクチンの接種《せっしゅ》がそれほど進《すす》まず、変異種《へんいしゅ》が猛威《もうい》を振《ふ》るっていることもあり、第《だい》五波《は》と言《い》われて感染者《かんせんしゃ》の増加《ぞうか》が止《と》まらない状況《じょうきょう》だ。やがてワクチンが普《ふ》及《きゅう》し、収《おさ》まったとしても、次々《つぎつぎ》に新《あたら》しいウイルスは出《で》てくるだろうというのが、専門家《せんもんか》の見解《けんかい》だ。そのため、人類《じんるい》が様々《さまざま》なウイルスと共存《きょうぞん》していくためには、人間自身《にんげんじしん》が免疫《めんえき》を活発《かっぱつ》にして、ウイルスに負《ま》けない体《からだ》にしなければならない。発酵食品《はっこうしょくひん》もその一《ひと》つとして注目《ちゅうもく》されているのだ。

人間《にんげん》は元々《もともと》自然《しぜん》を身近《みぢか》に感《かん》じ、自然界《しぜんかい》からの様々《さまざま》な恩恵《おんけい》を受《う》けて暮《く》らしてきた。ところがやがて都市化《としか》が進《すす》み、多《おお》くの人《ひと》が自然豊《しぜんゆた》かな田舎《いなか》から、都会《とかい》に移《うつ》り住《す》んだ。自然《しぜん》の動植物《どうしょくぶつ》にあまり触《ふ》れることもなく、さまざまな合成洗剤《ごうせいせんざい》や消毒薬《しょうどくやく》、抗菌《こうきん》グッズなどを身近《みぢか》に置《お》いて、菌類《きんるい》などを遠《とお》ざけてきた。現代《げんだい》多《おお》くの人《ひと》を悩《なや》ませている花粉症《かふんしょう》やアトピー性皮膚炎《せいひふえん》、自己免《じこめん》疫疾患《えきしっかん》などはそれらが大《おお》きく影響《えいきょう》していると言《い》われている。

私《わたし》もかつて若《わか》い頃《ころ》、花粉症《かふんしょう》だった。ところがいつの間《ま》にか花粉症《かふんしょう》は全《まった》くなくなった。なぜだろうと考《かんが》えると、一《ひと》つは自然食品《しぜんしょくひん》の宅配《たくはい》を注文《ちゅうもん》するようになったことがある。母親《ははおや》になり、子供《こども》に農薬《のうやく》や化学肥料《かがくひりょう》に汚染《おせん》されていない食品《しょくひん》を食《た》べさせたいと願《ねが》ったからだ。二《ふた》つ目《め》は都会《とかい》の真《ま》ん中《なか》に住《す》んでいたが、庭《にわ》に花《はな》やささやかな野菜《やさい》を植《う》えて土《つち》いじりを常《つね》にしていたし、虫《むし》も常《つね》に身近《みぢか》にいた。

若《わか》い頃《ころ》の私《わたし》は虫《むし》が嫌《きら》いで、野菜《やさい》に青虫《あおむし》などが付《つ》いているとすぐ捨《す》てていた。ところが子供《こども》が色々《いろいろ》な虫《むし》を家《いえ》の中《なか》に持《も》ち込《こ》んでくるし、アゲハ蝶《ちょう》の幼《よう》虫《ちゅう》を育《そだ》てて、羽化《うか》の瞬間《しゅんかん》を何度《なんど》も見《み》る経験《けいけん》をして、虫《むし》に対《たい》する忌避《きひ》の思《おも》いが無《な》くなった。

さらに山梨《やまなし》に移《うつ》り住《す》んでからは、日常的《にちじょうてき》に山菜《さんさい》やキノコを採集《さいしゅう》し、いただいているから、少《すこ》しは自然《しぜん》と共《とも》に暮《く》らしているのではないかと思《おも》う。

いま世界《せかい》の料理界《りょうりかい》は日本《にっぽん》の発酵食《はっこうしょく》ブームで、有名《ゆうめい》シェフたちが日本《にっぽん》の発《はっ》酵食《こうしょく》に注目《ちゅうもく》して、うまみの素《もと》となる発酵食《はっこうしょく》を自分《じぶん》の料理《りょうり》に取《と》り入《い》れているということだ。和食《わしょく》が無形文化遺産《むけいぶんかいさん》に登録《とうろく》され、注目《ちゅうもく》を集《あつ》めていることと関係《かんけい》しているかもしれないが、日本《にっぽん》の発酵食《はっこうしょく》がうまみの素《もと》として取《と》り入《い》れられていることは知《し》らなかった。もっとも、日本《にっぽん》の専門家《せんもんか》の中《なか》にはこのようなブームを一時的《いちじてき》なものとして捉《とら》えている人《ひと》もいる。発酵食《はっこうしょく》は元々《もともと》人々《ひとびと》の暮《く》らしの中《なか》から生《う》まれてきたもので、長《なが》い年月《としつき》を経《へ》た生活《せいかつ》の知恵《ちえ》でもあるからだ。

　料理人《りょうりにん》が、自分《じぶん》の料理《りょうり》の技《わざ》を競《きそ》う中《なか》で、うまみの素《もと》として表面《ひょうめん》だけを捉《とら》えても、本質《ほんしつ》には迫《せま》れないだろうということなのかもしれない。この話《はなし》を聞《き》いて思《おも》い出《だ》したことがある。

　鳥取県《とっとりけん》智頭町《ちづちょう》に自家製酵母《じかせいこうぼ》でパンを作《つく》っている店《みせ》がある。もともとは千《ち》葉《ば》県《けん》いすみ市《し》で開業《かいぎょう》していたそうだが、自然環境《しぜんかんきょう》の良《よ》いところへと岡山県《おかやまけん》真庭市《まにわし》に移転《いてん》した。けれどもさらにもっと良《よ》い環境《かんきょう》を求《もと》めて、智頭町《ちづちょう》にいきついた。そのことについては、『田舎《いなか》のパン屋《や》が見《み》つけた「腐《くさ》る経済《けいざい》」』（渡邉格《わたなべいたる》著《ちょ》、講談社《こうだんしゃ》＋α文庫《ぶんこ》）に詳《くわ》しい。

　天然酵母《てんねんこうぼ》を自《みずか》ら採取《さいしゅ》してパンを作《つく》ろうと試《こころ》みて、良《よ》い環境《かんきょう》を求《もと》めて移転《いてん》を繰《く》り返《かえ》してきたそうだ。麹菌《こうじきん》でパンを作《つく》りたいと願《ねが》っていたが、環境《かんきょう》が農薬《のうやく》や化学物質《かがくぶっしつ》で汚染《おせん》されているところでは、良《よ》い麹菌《こうじきん》が採取《さいしゅ》できない。また麹菌《こうじきん》の元《もと》となる米《こめ》も肥料《ひりょう》を多《おお》く使《つか》ったものは発酵《はっこう》せず腐《くさ》ってしまうという。近隣《きんりん》の田《た》んぼにヘリコプターで農薬《のうやく》を散布《さんぷ》したり、連休《れんきゅう》で人《ひと》が多《おお》く訪《おとず》れたときなども、ガソリンなどによる空気汚染《くうきおせん》の影響《えいきょう》を受《う》けて良《よ》いカビはつかず麹菌《こうじきん》は採取《さいしゅ》できない。

　人間《にんげん》の活動《かつどう》が自然界《しぜんかい》に影響《えいきょう》していることは、理論的《りろんてき》にはある程度理解《ていどりかい》していたが、実際《じっさい》の事例《じれい》を知《し》って驚《おどろ》いた。自然界《しぜんかい》は大変繊細《たいへんせんさい》で、環境汚染《かんきょうおせん》、環境破壊《かんきょうはかい》は人間《にんげん》の生存《せいぞん》にも大《おお》きく関《かか》わっているのだ。

　人間《にんげん》の免疫《めんえき》にかかわる病気《びょうき》が増加《ぞうか》していることと、これまで述《の》べてきたことは大《おお》いに関係《かんけい》していると思《おも》う。これらすべてのもとになるのは、人間《にんげん》の心《こころ》の問題《もんだい》だ。私《わたし》たちは何《なに》を求《もと》めるのか、どうしたいのか、それは皆健康《みなけんこう》で幸《しあわ》せな生活《せいかつ》を送《おく》りたいに決《き》まっているが、そのためには人間《にんげん》だけがこの地球《ちきゅう》で好《す》き放題《ほうだい》の生活《せいかつ》をしても、かなえられないということだ。

視野《しや》を地球大《ちきゅうだい》に拡大《かくだい》して、この環境《かんきょう》の中《なか》で全《すべ》てに生《い》かされている存在《そんざい》であることを思《おも》い、感謝《かんしゃ》して自分《じぶん》に何《なに》ができるだろうかと、どんな小《ちい》さなことでもいいから日々《ひび》自《みずか》らに問《と》いかけて、生活《せいかつ》していきたいと思《おも》う。人間《にんげん》一人《ひとり》は取《と》るに足《た》りないものに思《おも》えるが、私《わたし》たち一人一人《ひとりひとり》の心《こころ》は宇宙大《うちゅうだい》に広《ひろ》がり、環境《かんきょう》を変《か》えていくことができる存在《そんざい》なのだ。

人《ひと》の力《ちから》だけで動《うご》く自転車《じてんしゃ》は、
まさに時代《じだい》の要請《ようせい》に応《こた》えるものなのだ。

自《じ》転《てん》車《しゃ》乗《の》り

私《わたし》の夫《おっと》は晴《は》れた日《ひ》には毎日《まいにち》、自転車通勤《じてんしゃつうきん》している。山梨県《やまなしけん》の八ヶ岳《やつがたけ》南麓《なんろく》、標高《ひょうこう》千二百メートルの高地《こうち》に自宅《じたく》があり、オフィス＊1があるのは千三百メートルだ。職場《しょくば》に行《い》くには二《ふた》つの選択肢《せんたくし》があり、山《やま》を下《くだ》って上《のぼ》るか、上《のぼ》って下《くだ》るかであるが、いずれにしてもヒルクライム＊2は避《さ》けられない。

私《わたし》たちは二〇一三年《ねん》に東京《とうきょう》から移転《いてん》してきた。夫《おっと》が山坂《やまさか》の多《おお》い八ヶ岳《やつがたけ》で自転車通勤《じてんしゃつうきん》するとは、全《まった》く私《わたし》の想像《そうぞう》しなかったことだ。新宿《しんじゅく》の自転車店《じてんしゃてん》でマウンテンバイクを買《か》い、着々《ちゃくちゃく》と準備《じゅんび》を進《すす》めていたようだ。私《わたし》を驚《おどろ》かせようと思《おも》ったのかあるいは、危険《きけん》だからと反対《はんたい》するのを予想《よそう》していたのかも

＊1　生長の家国際本部“森の中のオフィス”のこと

＊2　自転車で山や峠などの坂道を走行すること

しれない。
結婚前夫《けっこんまえおっと》と付《つ》き合《あ》っていた頃《ころ》、夫《おっと》の家《いえ》に電話《でんわ》をしたことがある。電話口《でんわぐち》に出《で》てきた夫《おっと》の父《ちち》は、「今《いま》じむに行《い》っています」と言《い》った。私《わたし》は「どこの事務《じむ》かしら」と思《おも》ったが、運動《うんどう》をするジムのことだった。東京《とうきょう》にいたころ職場《しょくば》は原宿《はらじゅく》だったが、夫《おっと》は神宮外苑《じんぐうがいえん》などを週《しゅう》に二、三回《かい》ジョギングしていた。

　仕事《しごと》はデスクワークが主《おも》だから、運動不足《うんどうぶそく》になる。運動不足解消《うんどうぶそくかいしょう》の意図《いと》もあったと思《おも》うが、元来運動《がんらいうんどう》をして体《からだ》を動《うご》かすことが好《す》きなのだ。一方《いっぽう》の私《わたし》は、運動《うんどう》にはあまり興味《きょうみ》がなく、どちらかといえば好《す》きではない。それでも年齢《ねんれい》と共《とも》に体力《たいりょく》の衰《おとろ》えが気《き》になるから、毎朝《まいあさ》のテレビ体操《たいそう》を日課《にっか》にして、ウオーキングなどもしている。もっとも新《あたら》しく菜園《さいえん》を始《はじ》めたから、クワなどを持《も》って一、二時間《じかん》も畑仕事《はたけしごと》をすると、結構《けっこう》な運動量《うんどうりょう》で翌日《よくじつ》は足腰《あしこし》が痛《いた》む。

そんな私《わたし》に、夫《おっと》は自転車《じてんしゃ》に乗《の》ることを勧《すす》めてきた。自転車《じてんしゃ》は高校時代通《こうこうじだいつう》学《がく》に使《つか》っていた。この話《はなし》は以前《いぜん》にも書《か》いたが、私《わたし》の故郷《こきょう》は三重県《みえけん》の伊勢《いせ》である。家《いえ》の近《ちか》くのＪＲ宮川駅《みやがわえき》から二駅目《ふたえきめ》が伊勢市駅《いせしえき》で、そこまでは列車《れっしゃ》で行《い》った。伊勢市駅前《いせしえきまえ》には、自転車《じてんしゃ》を預《あず》かる家《いえ》が何軒《なんけん》かあり、そこに自転車《じてんしゃ》を置《お》いていた。皆個人《みなこじん》の家《いえ》で駐車場《ちゅうしゃじょう》のようなスペースに十台《だい》から二十台《だい》位《くらい》預《あず》かっていた。駐輪代《ちゅうりんだい》は一カ月《げつ》五百円《えん》か千円《えん》だったのではないかと思《おも》う。

伊勢市駅《いせしえき》から学校《がっこう》まではバスもあったが、ほとんどの学生《がくせい》は伊勢市駅《いせしえき》か近鉄宇治山田駅《きんてつうじやまだえき》から自転車《じてんしゃ》で通学《つうがく》していた。学校《がっこう》にはほとんどの生徒《せいと》が自《じ》転車通学《てんしゃつうがく》することを想定《そうてい》して、屋根《やね》付《つ》きの駐輪場《ちゅうりんじょう》が並《なら》んでいた。

私《わたし》の通《かよ》っていた学校《がっこう》は、伊勢市駅《いせしえき》と伊勢神宮内宮《いせじんぐうないくう》の中間地点《ちゅうかんちてん》にあった。道路《どうろ》を挟《はさ》んで向《む》かい側《がわ》は神宮徴古館《じんぐうちょうこかん》で、近《ちか》くには倭姫命《やまとひめのみこと》をお祀《まつ》りした倭姫宮《やまとひめのみや》や史跡《しせき》などがあり、豊《ゆた》かな自然《しぜん》に恵《めぐ》まれた良《よ》いところだった。けれども高校時代《こうこうじだい》には、それは当《あ》たり前《まえ》に以前《いぜん》からずっとあるもので、特筆《とくひつ》すべきものは何《なに》もないありふれた田舎町《いなかまち》と思《おも》っていた。若《わか》いときは広《ひろ》い視《し》野《や》で物事《ものごと》が見《み》えず、目《め》の前《まえ》にあるものを狭《せま》い知識《ちしき》から判断《はんだん》しがちで、故《こ》郷《きょう》の良《よ》さや価値《かち》が分《わ》からなかったのかもしれないと今《いま》は思《おも》う。

この通学路《つうがくろ》は行《い》きは緩《ゆる》やかな上《のぼ》りがずっと続《つづ》くのであるが、高校生《こうこうせい》の頃《ころ》はきついと思《おも》わなかった。もし今《いま》、同《おな》じところを自転車《じてんしゃ》で走《はし》ったら、きっとへとへとになるのではないかと思《おも》う。八ヶ岳《やつがたけ》に移転後《いてんご》、毎日自転車通勤《まいにちじてんしゃつうきん》をしている夫《おっと》は自転車《じてんしゃ》の良《よ》さを色々話《いろいろはな》してくれる。年齢《ねんれい》と共《とも》に運動量《うんどうりょう》が減《へ》るし、田舎《いなか》は都会《とかい》に比《くら》べて交通《こうつう》の便《べん》が悪《わる》いので車《くるま》での移動《いどう》が主《おも》になる。都《と》会《かい》では電車《でんしゃ》に乗《の》るために、意外《いがい》と長《なが》い距離《きょり》を歩《ある》くが、田舎《いなか》では自分《じぶん》で意識《いしき》して体《からだ》を動《うご》かすことをしないと、運動不足《うんどうぶそく》になるのだ。

けれどもこんな坂《さか》の多《おお》いところでは無理《むり》と思《おも》っていたが、夫《おっと》は電動《でんどう》アシスト自転車《じてんしゃ》があるという。最近《さいきん》の電動自転車《でんどうじてんしゃ》は性能《せいのう》もよく、長《なが》い時間乗《じかんの》ることができる。夫《おっと》がプレゼントしてくれるというので、それではと私《わたし》も電《でん》動自転車《どうじてんしゃ》に時々《ときどき》乗《の》るようになった。歩《ある》きではせいぜい家《いえ》の周辺《しゅうへん》一、二キロだが、自転車《じてんしゃ》だと急《きゅう》に行動範囲《こうどうはんい》が広《ひろ》がり、かなりの距離《きょり》を行《い》くことができる。車《くるま》では気《き》が付《つ》かない花《はな》や木《き》、家々《いえいえ》の庭《にわ》の様子《ようす》や人々《ひとびと》の暮《く》らしぶりなどを目《め》にすることもできる。山岳地帯《さんがくちたい》だから様々《さまざま》な鳥《とり》の鳴《な》き声《ごえ》も耳《みみ》に入《はい》ってきて、自然《しぜん》との距離《きょり》がぐっと近《ちか》くなり、爽《さわ》やかなことこの上《うえ》ない。

今年《ことし》（二〇二一年《ねん》）のゴールデンウイークのことだ。私《わたし》の住《す》んでいるのは山梨県北杜市《やまなしけんほくとし》で、長野《ながの》との県境《けんざかい》にある。長野側《ながのがわ》の隣町《となりまち》は富士見町《ふじみまち》だ。富《ふ》士見町《じみまち》には入笠山《にゅうかさやま》という、冬《ふゆ》はスキー場《じょう》になる山《やま》がある。その入笠山《にゅうかさやま》は、春《はる》にはスズランの大群生《だいぐんせい》で知《し》られていて、以前《いぜん》から一度《いちど》訪《おとず》れてみたいと思《おも》っていた。

今年《ことし》はゴールデンウイークも緊急事態宣言《きんきゅうじたいせんげん》が出《で》ている地域《ちいき》があり、遠《とお》出《で》は憚《はばか》られた。毎年《まいとし》来《く》る孫《まご》たちも自粛《じしゅく》していたので、近《ちか》くの入笠山《にゅうかさやま》に家族《かぞく》で出《で》かけたのであるが、その時期《じき》、スズランには少《すこ》し早《はや》かったようだ。けれども入笠山《にゅうかさやま》の駐車場《ちゅうしゃじょう》は車《くるま》でいっぱいだった。それも関東《かんとう》や中部《ちゅうぶ》、関西方《かんさいほう》面《めん》のナンバーが目立《めだ》つ。そして大人《おとな》も子供《こども》も自転車《じてんしゃ》で走《はし》り回《まわ》っているのだ。スズランの山《やま》というだけで、他《ほか》に何《なん》の予備知識《よびちしき》もなく出《で》かけたが、入笠山《にゅうかさやま》は山《やま》から下《お》りる自転車《じてんしゃ》のコースが整備《せいび》されていて、マウンテンバイク愛好《あいこう》家《か》には人気《にんき》の場所《ばしょ》のようだった。

　駐車場《ちゅうしゃじょう》の空《あ》きスペースにテントやタープなどを張《は》って、調理《ちょうり》していたり、何組《なんくみ》かの家族《かぞく》が一緒《いっしょ》に食事《しょくじ》をしていたりした。今《いま》はこういう余暇《よか》の楽《たの》しみ方《かた》もあるのかと、初《はじ》めて知《し》ったのだった。デイキャンプが流行《はや》っていることは聞《き》いていたが、キャンプをしながら自転車《じてんしゃ》を楽《たの》しむ人々《ひとびと》に接《せっ》し、価値観《かちかん》の多様性《たようせい》を実感《じっかん》すると共《とも》に、自然《しぜん》に触《ふ》れることの良《よ》さを人々《ひとびと》は満喫《まんきつ》しているのだろうと思《おも》った。ここの駐車場《ちゅうしゃじょう》の周《まわ》りはちょうど桜《さくら》が満開《まんかい》で、向《む》かいには八ヶ岳《やつがたけ》の壮大《そうだい》なパノラマが開《ひら》けていて、天上《てんじょう》のような開放感《かいほうかん》がある。

自転車乗《じてんしゃの》りの夫《おっと》は興味津々《きょうみしんしん》で、「時代《じだい》は変化《へんか》しているね」と感慨深《かんがいぶか》げに言《い》っていた。山《やま》から下《お》りてくる人《ひと》は、自転車共々《じてんしゃともども》ドロドロになって、それでも楽《たの》しげだった。子供用《こどもよう》のコースもあり、まだ四、五歳《さい》と思《おも》われる男女《だんじょ》の子供《こども》が、ヘルメットをかぶって自慢《じまん》げに下《お》りてくる姿《すがた》は、微笑《ほほえ》ましい。

一度《いちど》は車《くるま》に押《お》され気味《ぎみ》だった自転車《じてんしゃ》だが、今《いま》またその良《よ》さが見直《みなお》されていて、さまざまな機会《きかい》に利用《りよう》されている。人《ひと》の力《ちから》だけで動《うご》く自転車《じてんしゃ》は、まさに時代《じだい》の要請《ようせい》に応《こた》えるものなのだ。

若者《わかもの》が自分《じぶん》の理想《りそう》、
生活《せいかつ》の在《あ》り方《かた》をどう考《かん》えるかが
未来《みらい》を大《おお》きく変《か》える。

絶対価値《ぜったいかち》を生《い》きる

寒冷地《かんれいち》の我《わ》が家《や》でも、春《はる》になると次々《つぎつぎ》に花《はな》が咲《さ》き、うれしい季節《きせつ》の到来《とうらい》である。私《わたし》は花《はな》が好《す》きなので色々《いろいろ》植《う》えるが、家《いえ》の周《まわ》りには鹿《しか》やキツネ、タヌキがやってくる。ビオトープ[＊1]もあるので格好《かっこう》の水飲《みずの》み場《ば》でもあるようだ。

早春《そうしゅん》まだ霜《しも》が降《お》りるころ、ビオトープの周《まわ》りのぬかるんだ土《つち》の上《うえ》に鹿《しか》の足跡《あしあと》を沢山《たくさん》見《み》つけることがある。そんな鹿《しか》たちは、暖《あたた》かくなって花芽《はなめ》が伸《の》びてくると、それらを容赦《ようしゃ》なく食《た》べる。特《とく》にユリなどは彼《かれ》らの好物《こうぶつ》らしく、覆《おお》いをかけて守《まも》る。毎年《まいとし》株《かぶ》を増《ふ》やしていたキキョウを、去年《きょねん》（二〇一九年《ねん》）はタヌキかキツネに食《た》べられたから、それも覆《おお》っている。

＊1　13ページの註を参照

自然《しぜん》の中《なか》で暮《く》らすと、こんなことも日常茶飯事《にちじょうさはんじ》である。住《す》んで七年目《ねんめ》の今《いま》は、折《お》り合《あ》いをつけながらこちらも知恵《ちえ》を出《だ》し、共生《きょうせい》していく方法《ほうほう》を生《う》み出《だ》しつつある。朝起《あさお》きると清々《すがすが》しい空気《くうき》に触《ふ》れ、鳥《とり》の鳴《な》き声《ごえ》や飛《と》ぶ姿《すがた》を見《み》、自然《しぜん》の息吹《いぶき》を毎日感《まいにちかん》じられることはとてもありがたい。移《うつ》り住《す》んだ最初《さいしょ》の頃《ころ》は、花《はな》などが動物《どうぶつ》の被害《ひがい》にあうと憤《いきどお》り、彼《かれ》らを遠《とお》ざける手段《しゅだん》はないかと頭《あたま》を悩《なや》ませた。

また花《はな》なども自分《じぶん》の好《す》きなものを、植物《しょくぶつ》の耐寒性《たいかんせい》などあまり考《かんが》えず植《う》えていた。土地《とち》に合《あ》わないものは無理《むり》なのだと知《し》ってはいたが、何《なん》とかなるだろうと自分《じぶん》の好《この》みを押《お》しつけていたのだ。

土地《とち》に合《あ》うものはどんどん大《おお》きくなり、最初《さいしょ》は良《よ》くても合《あ》わないものは小《ちい》さくなりやがて消《き》えていくことを実地《じっち》で経験《けいけん》した。人《ひと》の個性《こせい》もこれと同《おな》じで、自分《じぶん》にしかできないものが誰《だれ》にでもあるはずだ。ところが中《なか》には、人《ひと》の評価《ひょうか》や時代《じだい》の流行《りゅうこう》に惑《まど》わされて、外見《がいけん》の格好良《かっこうよ》さなどから仕事《しごと》を選《えら》ぶこともある。

私《わたし》の家《いえ》では六月《がつ》に芍薬《しゃくやく》が大《おお》きな花《はな》を咲《さ》かせる。豪華《ごうか》で庭《にわ》が急《きゅう》に華《はな》やかになって喜《よろこ》ぶ。けれども芍薬《しゃくやく》が咲《さ》いている時期《じき》は短《みじか》く、大《おお》きくて豪華《ごうか》な花《はな》は総《そう》じてあまり長《なが》くもたない。大雨《おおあめ》など降《ふ》れば花《はな》の重《おも》みで見《み》る影《かげ》もない無残《むざん》な姿《すがた》になる。それに比《くら》べて小《ちい》さい花《はな》は雨風《あめかぜ》に強《つよ》く、ずっと長《なが》く咲《さ》いていることが多《おお》い。どちらが勝《まさ》るとか、より優《すぐ》れているという評価《ひょうか》はできない。両方《りょうほう》良《よ》くて、個性《こせい》も違《ちが》う。私《わたし》たちはものを見《み》るのに、並《なら》べて比《くら》べることが多《おお》いが、比《くら》べると、もの本来《ほんらい》の本当《ほんとう》の価値《かち》が見《み》えない。一《ひと》つ一《ひと》つよく見《み》ると、大《おお》きさに関係《かんけい》なくどの花《はな》もとても個性的《こせいてき》で、天然《てんねん》の美《うつく》しさがある。

そのように人《ひと》を見《み》る時《とき》も、一人一人《ひとりひとり》をよく見《み》ると、その人《ひと》でなくてはならない個性《こせい》がある。ところが概《おおむ》ね人《ひと》を評価《ひょうか》するのに、自分《じぶん》の好《この》み、価値観《かちかん》で判断《はんだん》することが多《おお》い。そして目立《めだ》ったり、脚光《きゃっこう》を浴《あ》びる人《ひと》や仕事《しごと》に価値《かち》があると思《おも》いがちだ。この世界《せかい》は競争《きょうそう》の世界《せかい》で、競争《きょうそう》に勝《か》ったものが勝利《しょうり》者《しゃ》で価値《かち》があるという考《かんが》え方《かた》を多《おお》くの人《ひと》が持《も》っている。

例《たと》えば、新《あたら》しい技術《ぎじゅつ》の開発《かいはつ》などがあげられる。原子力《げんしりょく》などはその典型《てんけい》と言《い》っていいかもしれないが、元々《もともと》は第《だい》二次《じ》大戦中《たいせんちゅう》、相手国《あいてこく》を攻撃《こうげき》する目的《もくてき》で作《つく》られた。アメリカとドイツが先頭《せんとう》を走《はし》っていたが、日本《にっぽん》やイタリアなども開発《かいはつ》に力《ちから》を入《い》れていた。

イタリア人《じん》のエンリコ・フェルミは、一九三八年《ねん》にノーベル物理学賞《ぶつりがくしょう》を受賞《じゅしょう》した物理学者《ぶつりがくしゃ》だった。妻《つま》がユダヤ人《じん》で、ドイツと同盟《どうめい》を組《く》んでいたイタリアはファシズムの嵐《あらし》が吹《ふ》き荒《あ》れていた。アメリカに亡命《ぼうめい》したフェルミは、もしドイツが先《さき》に原子力《げんしりょく》を実用化《じつようか》すれば、ヒトラーが世界《せかい》を征服《せいふく》すると恐《おそ》れた。何《なに》が何《なん》でも先《さき》に原子力《げんしりょく》の実用化《じつようか》に成功《せいこう》しなければとの強《つよ》い思《おも》いで、命《いのち》がけの実験《じっけん》を繰《く》り返《かえ》し、一九四二年《ねん》十二月二日《がつふつか》ついに成功《せいこう》した。それはやがて、日本《にっぽん》の広島《ひろしま》と長崎《ながさき》に投下《とうか》され、多《おお》くの犠牲者《ぎせいしゃ》を出《だ》し、戦争《せんそう》は終結《しゅうけつ》した。

戦後《せんご》は、原子力《げんしりょく》の平和利用《へいわりよう》というスローガンのもと、世界中《せかいじゅう》に原子力発《げんしりょくはつ》電所《でんしょ》が建設《けんせつ》されたが、事故《じこ》が後《あと》を絶《た》たないことは私《わたし》たちが現実《げんじつ》に経験《けいけん》していることである。当初《とうしょ》は日本《にっぽん》でも多《おお》くの優秀《ゆうしゅう》な若者《わかもの》が夢《ゆめ》の技術《ぎじゅつ》の平和利用《へいわりよう》に将来《しょうらい》の希望《きぼう》を見出《みいだ》し、原子力分野《げんしりょくぶんや》の仕事《しごと》に取《と》り組《く》んだ。しかしやがて、原子力《げんしりょく》という強大《きょうだい》な力《ちから》は人間《にんげん》の制御不能《せいぎょふのう》なものであることを知《し》り、方向転《ほうこうてん》換《かん》した人《ひと》も沢山《たくさん》いる。技術《ぎじゅつ》というのはそうした危険性《きけんせい》があり、それをどう使《つか》うかは人間次第《にんげんしだい》なのである。

自己中心的《じこちゅうしんてき》な満足《まんぞく》のためなのか、それともよりよい社会構築《しゃかいこうちく》のために技《ぎ》術《じゅつ》を使《つか》うかの違《ちが》いだ。これはその人《ひと》の考《かんが》え方《かた》の根本《こんぽん》に、社会貢献《しゃかいこうけん》という目《もく》標《ひょう》を置《お》くかどうかである。

それはきれいごとであり、理想論《りそうろん》だという人《ひと》がいるかもしれない。けれどもそんなことはなく、どの人《ひと》も心《こころ》の奥底《おくそこ》では、自分《じぶん》の存在《そんざい》が人《ひと》や社会《しゃかい》の役《やく》に立《た》つことを願《ねが》っているのだ。目《め》の前《まえ》の障害《しょうがい》や自己中心的《じこちゅうしんてき》な思《おも》いに心《こころ》が占領《せんりょう》されていると、心《こころ》の奥深《おくふか》くの本心《ほんしん》が埋《う》もれてしまって自覚《じかく》できないことである。だから、普段《ふだん》から自分《じぶん》の心《こころ》を見《み》つめる訓練《くんれん》をすることが大切《たいせつ》だ。競争社会《きょうそうしゃかい》ではなく、共生社会《きょうせいしゃかい》を目指《めざ》して自分《じぶん》の進路《しんろ》を考《かんが》えると、自《おの》ずと方向《ほうこう》も変《か》わってくる。若《わか》い人《ひと》は、自分《じぶん》たちの未来《みらい》をより良《よ》きものにしたいと願《ねが》っているだろう。そのために大人《おとな》が責任《せきにん》をもって行動《こうどう》することが求《もと》められる。けれどもそれだけでは、良《よ》い社会《しゃかい》は生《う》まれない。若者《わかもの》が自分《じぶん》の理想《りそう》、生活《せいかつ》の在《あ》り方《かた》をどう考《かんが》えるかが未来《みらい》を大《おお》きく変《か》える。

世界《せかい》は今《いま》、新型《しんがた》コロナウイルスの感染《かんせん》を受《う》けて、経済活動《けいざいかつどう》の大《おお》きな停滞《ていたい》を経験《けいけん》している。そんな中《なか》で自国中心《じこくちゅうしん》になりがちであるが、いったん国《こく》際化《さいか》が進《すす》んだ世界《せかい》はそう簡単《かんたん》には元《もと》に戻《もど》れないだろう。自分《じぶん》が意識《いしき》するしないにかかわらず、一人一人《ひとりひとり》の行動《こうどう》がコロナウイルスの感染拡大《かんせんかくだい》に影響《えいきょう》する。感染《かんせん》した人《ひと》が、自分《じぶん》には症状《しょうじょう》が出《で》なかったが、知《し》らないうちに人《ひと》に感《かん》染《せん》させ、その人《ひと》がお年寄《としよ》りや基礎疾患《きそしっかん》がある場合《ばあい》、重症化《じゅうしょうか》し、死《し》に至《いた》ることもある。想像《そうぞう》しただけで恐《おそ》ろしい状況《じょうきょう》だ。私《わたし》たち一人一人《ひとりひとり》の行動《こうどう》は、コロナウイルスに限《かぎ》らず、あらゆることが自分《じぶん》だけでなく広《ひろ》く世界全体《せかいぜんたい》に影《えい》響《きょう》を及《およ》ぼす。それを自覚《じかく》し、自己中心《じこちゅうしん》に考《かんが》えず、人《ひと》や社会《しゃかい》、環境全《かんきょうすべ》てを視野《しや》に入《い》れて、自分《じぶん》がそれらに対《たい》してどのように貢献《こうけん》できるかを考《かんが》えて人《じん》生《せい》の目標《もくひょう》にするとき、自信《じしん》が生《う》まれ、自《おの》ずと道《みち》が開《あ》けてくる。

誰《だれ》とも比《くら》べることのできない自分《じぶん》。かけがえのない自分《じぶん》。主人公《しゅじんこう》の自分《じぶん》。そういう自分《じぶん》を認《みと》め、自信《じしん》をもって独自《どくじ》の道《みち》を歩《あゆ》もう。

第5章　光をみつめて

地球《ちきゅう》の自然《しぜん》を見《み》ると、
何《なん》と美《うつく》しく、
大《おお》きな秩序《ちつじょ》が保《たも》たれた
楽園《らくえん》であるかと思《おも》う。

闇《やみ》ではなく光《ひかり》を

　ロシアからウクライナへの侵略戦争《しんりゃくせんそう》は、簡単《かんたん》には終《お》わりそうもない様《よう》相《そう》を呈《てい》してきた。悲惨《ひさん》な戦争《せんそう》の現実《げんじつ》をテレビ画面《がめん》から目《め》にする日《ひ》が続《つづ》いている。当初《とうしょ》は何《なん》とかできないのかと自分《じぶん》をもどかしく思《おも》ったが、だんだん激《はげ》しさを増《ま》す戦争《せんそう》の現実《げんじつ》に直面《ちょくめん》し、何《なに》もできない自分《じぶん》であることを思《おも》い知《し》る。

　過去《かこ》にも色々《いろいろ》な戦争《せんそう》があり、記憶《きおく》に新《あたら》しいところでは、湾岸戦争《わんがんせんそう》、イラク戦争《せんそう》があり、多《おお》くの犠牲者《ぎせいしゃ》が出《で》た。それらの戦争《せんそう》と今回《こんかい》の戦争《せんそう》のどこが違《ちが》うのかと考《かんが》えると、過去《かこ》の戦争《せんそう》はアメリカという大国《たいこく》が、世界《せかい》の警察官《けいさつかん》という立場《たちば》で行動《こうどう》し、自由《じゆう》を奪《うば》うものや平和《へいわ》を脅《おびや》かす国《くに》に対《たい》して、〝正義《せいぎ》の味方《みかた》〟としてする戦争《せんそう》という側面《そくめん》があった。だから西側諸国《にしがわしょこく》は協力《きょうりょく》した。けれども現実《げんじつ》には、その戦争《せんそう》にも様々《さまざま》な間違《まちが》いや、何《なん》の罪《つみ》もない一般人《いっぱんじん》を攻撃《こうげき》したこともあったのだ。

冷戦終結後《れいせんしゅうけつご》の世界《せかい》は、民族主義《みんぞくしゅぎ》の台頭《たいとう》や自国中心主義的《じこくちゅうしんしゅぎてき》な指導者《しどうしゃ》が現《あらわ》れた半面《はんめん》、人権《じんけん》や民主主義《みんしゅしゅぎ》の価値《かち》が強調《きょうちょう》された。世界《せかい》は新《あら》たな秩序《ちつじょ》の構築《こうちく》を必要《ひつよう》としていたからだ。一方《いっぽう》、経済《けいざい》のグローバル化《か》やインターネットをはじめとした通信機器《つうしんきき》の急速《きゅうそく》な普及《ふきゅう》により、貧《まず》しいものと富《と》めるもの、豊《ゆた》かな国《くに》と貧困《ひんこん》や飢餓《きが》に苦《くる》しむ国《くに》との格差《かくさ》の増大《ぞうだい》というあらたな課題《かだい》も生《しょう》じた。そして新型《しんがた》コロナウイルス感染《かんせん》の只中《ただなか》で、この戦争《せんそう》である。

ロシアのプーチン大統領《だいとうりょう》の行動《こうどう》は、中国《ちゅうごく》の習近平国家主席《しゅうきんぺいこっかしゅせき》同様《どうよう》、独裁体制《どくさいたいせい》と長期政権《ちょうきせいけん》を目論《もくろ》んでいるものとして、不安視《ふあんし》されてきた。けれどもまさか実際《じっさい》に戦争《せんそう》を始《はじ》めるとは多《おお》くの人《ひと》が考《かんが》えなかったことだった。そんな中《なか》、今一番気《いまいちばんき》になるのは、日本《にっぽん》も例外《れいがい》ではないが、多《おお》くの国《くに》が軍備増強《ぐんびぞうきょう》の方向《ほうこう》に向《む》かっていることだ。

軍拡競争《ぐんかくきょうそう》というのは、麻薬《まやく》のようなもので、相手《あいて》の軍備《ぐんび》に対抗《たいこう》して自分《じぶん》もそれ相応《そうおう》の軍備《ぐんび》を持《も》つというようにエスカレートする。冷戦後《れいせんご》の世界《せかい》は、軍縮《ぐんしゅく》に向《む》かって努力《どりょく》を重《かさ》ねてきた一方《いっぽう》で、最新技術《さいしんぎじゅつ》を導入《どうにゅう》して遠距離《えんきょり》から遠隔操作《えんかくそうさ》のできる兵器《へいき》の開発《かいはつ》にも、莫大《ばくだい》なお金《かね》をかけてきた。今《いま》の戦争《せんそう》は、テレビゲームのような側面《そくめん》もあるようだ。

私《わたし》はかつて、パキスタンに潜伏《せんぷく》していたウサマ・ビン・ラーディンをアメリカのＣＩＡが居場所《いばしょ》を突《つ》き止《と》め、特殊部隊《とくしゅぶたい》が潜入《せんにゅう》し殺害《さつがい》する映画《えいが》、『ゼロ・ダーク・サーティ』*1を観《み》たことがある。家族《かぞく》や使用人《しようにん》が共《とも》に住《す》んでいて、妻《つま》や子供《こども》たちが泣《な》き叫《さけ》ぶ中《なか》一部屋《ひとへや》に集《あつ》められ、別《べつ》のところでビン・ラーディンは殺害《さつがい》された。ハラハラして息《いき》をのむシーンの連続《れんぞく》だった。

いま世界中《せかいじゅう》で使《つか》われている軍事費《ぐんじひ》の半分《はんぶん》でも、人々《ひとびと》の福祉《ふくし》のために使《つか》っ

*1　2019年公開、キャスリン・ビグロー監督

たら、この地球上《ちきゅうじょう》から、飢餓《きが》や貧困《ひんこん》の問題《もんだい》はなくなると私《わたし》はよく考《かんが》える。現実《げんじつ》の人間《にんげん》は不完全《ふかんぜん》で、人《ひと》を差別《さべつ》し、自分《じぶん》と人《ひと》を比《くら》べて、優越感《ゆうえつかん》を持《も》ったり、劣等感《れっとうかん》に苦《くる》しみ間違《まちが》うこともよくある。けれども人《ひと》と人《ひと》が殺《ころ》し合《あ》う戦争《せんそう》は、最《もっと》も悲惨《ひさん》で人間《にんげん》の悪《あく》の面《めん》が否応《いやおう》なく表《あらわ》れるものだ。

日本《にっぽん》では六割《わり》を超《こ》える人《ひと》が軍備《ぐんび》の増強《ぞうきょう》を支持《しじ》している。目《め》の前《まえ》の現実《げんじつ》を見《み》たら、もしロシアがあるいは北朝鮮《きたちょうせん》が攻《せ》めてきたら、戦闘能力《せんとうのうりょく》のある装備《そうび》が必要《ひつよう》だと考《かんが》えるのが一般的《いっぱんてき》かもしれない。けれどもそれを始《はじ》めたら、日本《にっぽん》は第《だい》二次大戦後《じたいせんご》、自衛《じえい》のための自衛隊《じえいたい》は持《も》つが、戦争《せんそう》のための軍備《ぐんび》は持《も》たないという一貫《いっかん》した姿勢《しせい》を崩《くず》すことになる。核《かく》も保有《ほゆう》しない国《くに》として、東南《とうなん》アジアをはじめ多《おお》くの国《くに》から信頼《しんらい》を得《え》てきた。

また、世界《せかい》で唯一《ゆいいつ》の被爆国《ひばくこく》として、多《おお》くの犠牲《ぎせい》を出《だ》し、核《かく》の脅威《きょうい》も現実《げんじつ》のものとして体験《たいけん》している国《くに》である。だからこそ、欧米並《おうべいな》みの軍備増強《ぐんびぞうきょう》などではない独自《どくじ》の道《みち》を歩《あゆ》む国《くに》を目指《めざ》すべきだと、私《わたし》は考《かんが》える。

私《わたし》たちの子《こ》や孫《まご》が住《す》む地球《ちきゅう》が、ロシアの侵略《しんりゃく》戦争《せんそう》を契機《けいき》として、多《おお》くの国《くに》が強力《きょうりょく》な軍隊《ぐんたい》を持《も》つようになれば、いずれそれらは戦争《せんそう》に結《むす》びつく。地球社会《ちきゅうしゃかい》は本当《ほんとう》は戦争《せんそう》などしている場合《ばあい》ではないのだ。地球温暖化《ちきゅうおんだんか》がこのまま進《すす》めば、戦争《せんそう》どころの騒《さわ》ぎではない。もっと深刻《しんこく》な事態《じたい》が訪《おとず》れるだろうと、多《おお》くの科学者《かがくしゃ》は警告《けいこく》を発《はっ》している。温暖化《おんだんか》と軍拡競争《ぐんかくきょうそう》の世界《せかい》にしていいのかと、私《わたし》は声《こえ》を大《だい》にして訴《うった》えたい。

地球《ちきゅう》の自然《しぜん》を見《み》ると、何《なん》と美《うつく》しく、大《おお》きな秩序《ちつじょ》が保《たも》たれた楽園《らくえん》であるかと思《おも》う。それを人間《にんげん》が欲望《よくぼう》のままに破壊《はかい》して、危機《きき》を招《まね》いているのだ。その上戦争《うえせんそう》とはどうかしていると思《おも》わずにはいられない。

けれども私《わたし》は希望《きぼう》を捨《す》てない。人間《にんげん》の中《なか》にある良心《りょうしん》が、世界《せかい》の良識《りょうしき》が、人々《ひとびと》の心《こころ》からの祈《いの》りが、目《め》には見《み》えない所《ところ》で大《おお》きなうねりとなって現《あらわ》れてくるに違《ちが》いない。すでに大《おお》きな犠牲《ぎせい》が生《しょう》じてはいるが、世界中《せかいじゅう》から発《はっ》せられるウクライナの人々《ひとびと》への連帯《れんたい》の心《こころ》は現実《げんじつ》の闇《やみ》を光《ひかり》に変《か》える力《ちから》を持《も》つものだ。

私《わたし》たちも、ウクライナの人《ひと》のために募金《ぼきん》をし、ウクライナとロシアの人々《ひとびと》の心《こころ》の平安《へいあん》を深《ふか》く祈《いの》り、またその思《おも》いを行動《こうどう》に表《あらわ》す平和行進《へいわこうしん》のようなリレーを、全国《ぜんこく》で繰《く》り広《ひろ》げている。

戦争《せんそう》のない当《あ》たり前《まえ》の日常《にちじょう》が、どれほど価値《かち》のあるものかを世界中《せかいじゅう》の人々《ひとびと》が今実感《いまじっかん》している。正義《せいぎ》を実現《じつげん》し平和《へいわ》な世界《せかい》をつくるために、自分《じぶん》にできることがあれば手《て》を差《さ》し伸《の》べたいと多《おお》くの人《ひと》は思《おも》っているに違《ちが》いない。その気持《きもち》は、人間《にんげん》の本性《ほんせい》に根《ね》ざしたものだ。その心《こころ》の宝《たから》の領域《りょういき》を広《ひろ》げていくことで、きっと世界《せかい》は良《よ》くなっていくと私《わたし》は心《こころ》から願《ねが》い、信《しん》じている。

闇ではなく光を

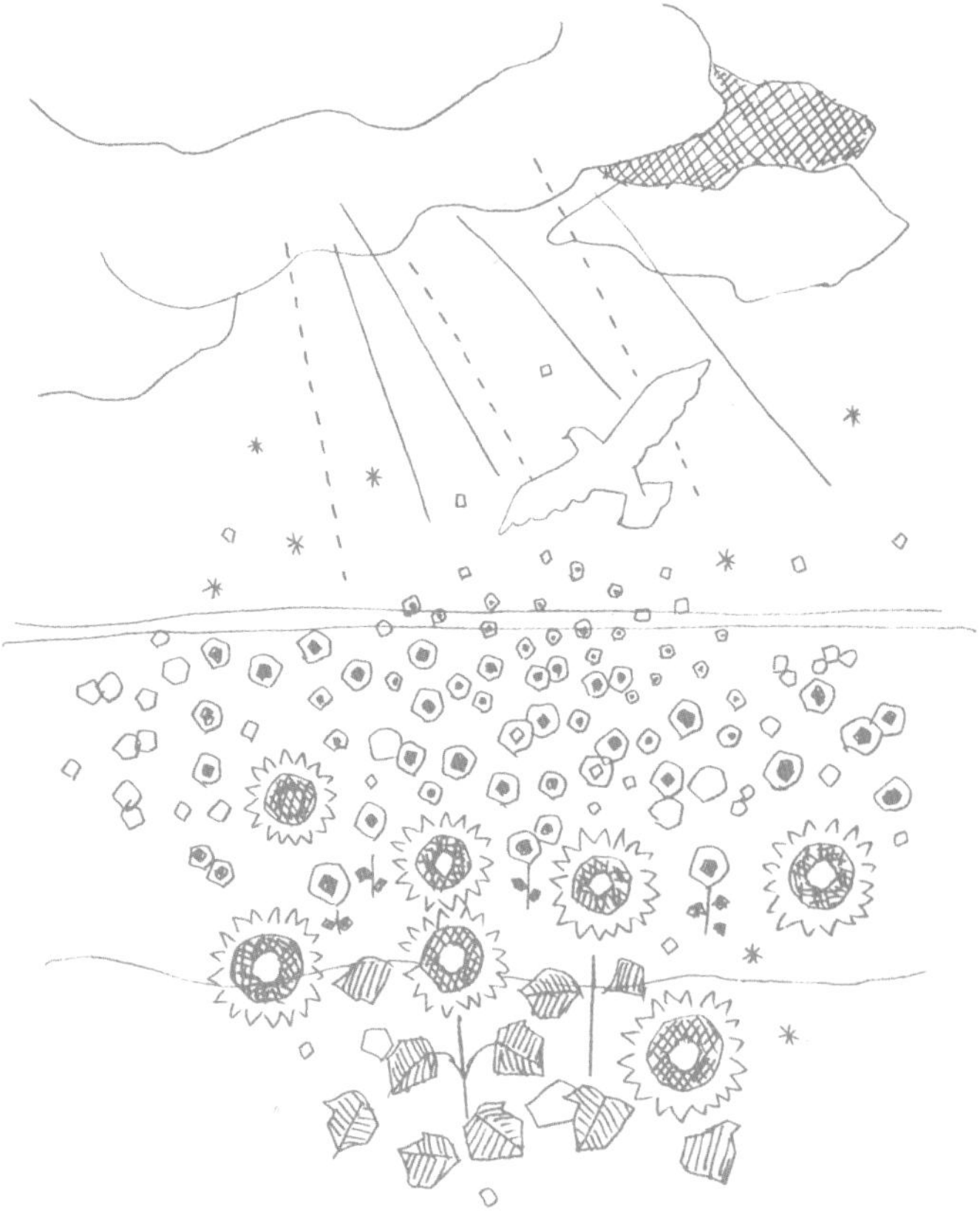

人間《にんげん》の本性《ほんせい》は、
本来《ほんらい》生《い》かし合《あ》い助《たす》け合《あ》うことに
喜《よろこ》びを感《かん》じるものなのだ。

人新世《ひとしんせい》って？

「人新世《ひとしんせい》」という言葉《ことば》は、なんとなく知《し》っていたが、意味《いみ》を詳《くわ》しく理解《りかい》したのは『人新世《ひとしんせい》の「資本論《しほんろん》」』（斎藤幸平著《さいとうこうへいちょ》、集英社新書《しゅうえいしゃしんしょ》）という本《ほん》を読《よ》んでからだ。

そもそも私《わたし》がこの本《ほん》を読《よ》むきっかけになったのは、買《か》い物《もの》に行《い》き昼食《ちゅうしょく》が遅《おそ》くなり、普段《ふだん》は見《み》ない時間帯《じかんたい》のテレビ番組《ばんぐみ》を見《み》たことだった。地球環境問題《ちきゅうかんきょうもんだい》について、年配《ねんぱい》の男性《だんせい》とアシスタントの女性《じょせい》が、三十代《だい》と思《おも》われる男性《だんせい》に質問《しつもん》していた。インタビューを受《う》けている男性《だんせい》は、今《いま》しきりに言《い》われているＳＤＧｓ《エスディージーズ》などはほとんど役《やく》に立《た》たず、免罪符《めんざいふ》のような役割《やくわり》を果《は》たし、むしろ害《がい》であるというような発言《はつげん》をしていて、「おや?」と思《おも》った。このような鋭《するど》い指摘《してき》をするのは何者《なにもの》だと興味《きょうみ》を覚《おぼ》えたのだ。彼《かれ》の主張《しゅちょう》で最《もっと》も出色《しゅっしょく》であると思《おも》ったのは、脱経済成長《だつけいざいせいちょう》を強《つよ》く推《お》し進《すす》めていることだった。地球温暖化《ちきゅうおんだんか》とコロナのダブルパンチで、多《おお》くの人《ひと》が経済《けいざい》を早《はや》く元通《もとどお》りにすることに躍起《やっき》になっている中《なか》で、真正面《ましょうめん》からそんな勇気《ゆうき》ある主張《しゅちょう》をする人《ひと》は珍《めずら》しい。けれどもそれは生長《せいちょう》の家《いえ》の永年《ながねん》の考《かんが》え方《かた》と共《きょう》通《つう》する。

地球温暖化《ちきゅうおんだんか》は、先進国《せんしんこく》の人間《にんげん》が自《みずか》らの欲望《よくぼう》を優先《ゆうせん》させ、大量生産《たいりょうせいさん》、大《たい》量《りょう》消費《しょうひ》に走《はし》った結果《けっか》だ。便利《べんり》で豊《ゆた》かな生活《せいかつ》を実現《じつげん》したが、その一方《いっぽう》で、地球《ちきゅう》を温暖化《おんだんか》させるほど多《おお》くの二酸化炭素《にさんかたんそ》を排出《はいしゅつ》させ、地球環境《ちきゅうかんきょう》に壊滅的《かいめつてき》な打撃《だげき》を与《あた》えた。更《さら》には、地球全体《ちきゅうぜんたい》に大《おお》きな格差《かくさ》をもたらし、グローバルサウスと呼《よ》ばれる主《おも》に南半球《みなみはんきゅう》に偏在《へんざい》している発展途上国《はってんとじょうこく》の人々《ひとびと》は、飢餓《きが》や貧困《ひんこん》に苦《くる》しみ、温暖化《おんだんか》による気候変動《きこうへんどう》の影響《えいきょう》を最《もっと》も激《はげ》しく受《う》けているのである。

地球温暖化《ちきゅうおんだんか》もコロナも、これが終《お》われば元通《もとどお》りの生活《せいかつ》ができるというものではない。人類《じんるい》のこれまでの活動《かつどう》の結果《けっか》として現《あらわ》れているものだから、私《わたし》たちの生活《せいかつ》を変《か》えていく以外《いがい》に、コロナ後《ご》の世界《せかい》はないと思《おも》われる。

自分《じぶん》の生活《せいかつ》を変《か》えていくということは、どういうことなのか。二酸化炭素《にさんかたんそ》の排出《はいしゅつ》を減《へ》らす生活《せいかつ》を心《こころ》がけることだ。とりわけ先進国《せんしんこく》の人間《にんげん》は普通《ふつう》に生活《せいかつ》しているだけで、沢山《たくさん》の二酸化炭素《にさんかたんそ》を排出《はいしゅつ》している。グローバル化《か》の影響《えいきょう》で、世界中《せかいじゅう》を沢山《たくさん》の食品《しょくひん》や製品《せいひん》が流通《りゅうつう》しているが、飛行機《ひこうき》などによって運《はこ》ばれることになり、二酸化炭素《にさんかたんそ》の排出《はいしゅつ》は大《おお》きい。その上《うえ》、一部《いちぶ》の大企業《だいきぎょう》の製品《せいひん》が世界《せかい》を席巻《せっけん》しているのだ。それによってローカルの製品《せいひん》や食品《しょくひん》が隅《すみ》に追《お》いやられたり、無《な》くなったりしている。地域産業《ちいきさんぎょう》に甚大《じんだい》な被害《ひがい》を与《あた》えている場合《ばあい》もあり、グローバル企業《きぎょう》をさらに巨大《きょだい》にする要因《よういん》にもなっているのだ。

だから外国製品《がいこくせいひん》より国産品《こくさんひん》、地元《じもと》のものを優先《ゆうせん》し、地産地消《ちさんちしょう》を心《こころ》がける。さらに農薬《のうやく》や化学肥料《かがくひりょう》も温暖化《おんだんか》の一因《いちいん》になっているし、人間《にんげん》や環境《かんきょう》に害《がい》を与《あた》えるから有機栽培《ゆうきさいばい》や無農薬《むのうやく》の野菜《やさい》などを選《えら》ぶことも大切《たいせつ》だ。車《くるま》も二酸化《にさんか》炭素《たんそ》を排出《はいしゅつ》するから、行《い》ける所《ところ》は自転車《じてんしゃ》を利用《りよう》し、可能《かのう》な場合《ばあい》は電気自動《でんきじどう》車《しゃ》やプラグイン・ハイブリッド車《しゃ》などが推奨《すいしょう》される。

このように書《か》いていくと、温暖化防止《おんだんかぼうし》のために自分《じぶん》の生活《せいかつ》を変《か》えていくというのは、面倒《めんどう》くさいしコストもかかると思《おも》われるかもしれない。実際《じっさい》コストもかかるが、今《いま》まで多《おお》くの人《ひと》が環境《かんきょう》のことなどに全《まった》く配慮《はいりょ》せず、自《じ》由《ゆう》に買《か》いたいもの、ほしいものを手《て》に入《い》れ、食《た》べ放題《ほうだい》で食品《しょくひん》の廃棄《はいき》にも無《む》頓着《とんちゃく》だったのが、今目《いまめ》の前《まえ》に気候変動《きこうへんどう》というかたちであらわれているのだ。

コストを少《すこ》しでも減《へ》らしたいと思《おも》えば、自分《じぶん》で家庭菜園《かていさいえん》をしたり、様々《さまざま》なものを手作《てづく》りするのも良《よ》い。これらは労力以上《ろうりょくいじょう》の喜《よろこ》びが得《え》られる。何《な》故《ぜ》ここまでしなければならないのか、今《いま》までの当《あ》たり前《まえ》ではいけないのかと疑問《ぎもん》に思《おも》う人《ひと》もいるだろう。温暖化《おんだんか》が現在《げんざい》のペースで進《すす》めば、気候変動《きこうへんどう》が激《はげ》しさを増《ま》し、大洪水《だいこうずい》や山火事《やまかじ》の頻発《ひんぱつ》、食料危機《しょくりょうきき》などが起《お》こり、地球《ちきゅう》は人間《にんげん》が安心《あんしん》して住《す》めるところではなくなってしまうからだ。

前出《ぜんしゅつ》の本《ほん》には、「人新世《ひとしんせい》」について、次《つぎ》のように書《か》かれている。

「人類《じんるい》の経済活動《けいざいかつどう》が地球《ちきゅう》に与《あた》えた影響《えいきょう》があまりに大《おお》きいため、ノーベル化《か》学賞受賞者《がくしょうじゅしょうしゃ》のパウル・クルッツェンは、地質学的《ちしつがくてき》に見《み》て、地球《ちきゅう》は新《あら》たな年代《ねんだい》に突入《とつにゅう》したと言《い》い、それを『人新世《ひとしんせい》』（Anthropocene）と名付《なづ》けた。人《にん》間《げん》たちの活動《かつどう》の痕跡《こんせき》が、地球《ちきゅう》の表面《ひょうめん》を覆《おお》いつくした年代《ねんだい》という意味《いみ》である」

（同書《どうしょ》四ページ）

私《わたし》が住《す》んでいるのは、山梨県北杜市《やまなしけんほくとし》の八ヶ岳南麓《やつがたけなんろく》、標高《ひょうこう》一二五〇メートルの高地《こうち》である。この地《ち》に引《ひ》っ越《こ》してきたのは二〇一三年《ねん》の秋《あき》なので、現《げん》在《ざい》九年目《ねんめ》になる。それまでは東京《とうきょう》の原宿《はらじゅく》に住《す》んでいた。都会《とかい》の真《ま》ん中《なか》で、欲《ほ》しいものは何《なん》でもすぐ手《て》に入《はい》り、交通《こうつう》の便《べん》もよく、人間《にんげん》の欲望《よくぼう》はすぐに満《み》たされるところだった。私《わたし》はそこで一生《いっしょう》を終《お》えるものと思《おも》っていた。けれども地球温暖化《ちきゅうおんだんか》の問題《もんだい》が深刻《しんこく》になり、人類《じんるい》の半数以上《はんすういじょう》が都会《とかい》に住《す》む状《じょう》況《きょう》もいよいよ顕著《けんちょ》になってきた。

生長《せいちょう》の家《いえ》は一九九〇年頃《ねんごろ》から温暖化《おんだんか》の問題《もんだい》に警鐘《けいしょう》を鳴《な》らし、自分《じぶん》たちでできる二酸化炭素削減《にさんかたんそさくげん》にも熱心《ねっしん》に取《と》り組《く》んできた。本部《ほんぶ》＊1が原宿《はらじゅく》にあったから、このまま都会《とかい》の真《ま》ん中《なか》にいて意味《いみ》のあることができるのかと疑問《ぎもん》を持《も》ち、都会《とかい》を離《はな》れる決断《けつだん》をした。

地球温暖化《ちきゅうおんだんか》の原因《げんいん》は、人間中心主義《にんげんちゅうしんしゅぎ》である。人間《にんげん》の幸福《こうふく》のためには、自然《しぜん》を犠牲《ぎせい》にしてもいいという考《かんが》え方《かた》だ。都会《とかい》の生活《せいかつ》は、とても便利《べんり》にできていて、お金《かね》さえあれば人間《にんげん》の欲望《よくぼう》が満《み》たされる。そのため経済発展第《けいざいはってんだい》一主義《いちしゅぎ》と自然破壊《しぜんはかい》が強力《きょうりょく》に進《すす》められてきた。

なぜ都会《とかい》ではいけないのかと疑問《ぎもん》に思《おも》う人《ひと》もいるだろう。人間《にんげん》は自然《しぜん》の一部《いちぶ》であり、豊《ゆた》かな自然《しぜん》なくして人間《にんげん》の健全《けんぜん》な生活《せいかつ》は守《まも》られないというこ

＊1　生長の家国際本部のこと

とを都会生活《とかいせいかつ》は忘《わす》れさせてしまうのだ。都会《とかい》が悪《あく》というのではなく、都会《とかい》にあっても自然《しぜん》の恩恵《おんけい》が感《かん》じられる活動《かつどう》が必要《ひつよう》なので、私《わたし》たちは自然豊《しぜんゆた》かな生活《せいかつ》を自《みずか》ら経験《けいけん》するために都会《とかい》を離《はな》れたといってもいいだろう。そしていま世界《せかい》はどのような方向《ほうこう》に向《む》かっているかというと国連中心主義《こくれんちゅうしんしゅぎ》の融和《ゆうわ》ではなく、自国中心主義《じこくちゅうしんしゅぎ》が台頭《たいとう》していて、軍備拡大《ぐんびかくだい》に向《む》かっている。けれども悲観的《ひかんてき》な話《はなし》ばかりではない。世界各地《せかいかくち》で人々《ひとびと》が対立《たいりつ》ではなく、融和《ゆうわ》の方向《ほうこう》に、お互《たが》いが助《たす》け合《あ》う方向《ほうこう》へ、小《ちい》さな芽《め》であるが生《う》まれつつあると、斎藤《さいとう》さんの本《ほん》は例《れい》を示《しめ》している。これは何《なん》とも勇気《ゆうき》を与《あた》えられる話《はなし》だ。そして人間《にんげん》の本性《ほんせい》は、本来生《ほんらいい》かし合《あ》い助《たす》け合《あ》うことに喜《よろこ》びを感《かん》じるものなのだ。

　地球温暖化問題《ちきゅうおんだんかもんだい》もコロナ同様《どうよう》、誰《だれ》もが傍観者《ぼうかんしゃ》ではなく、当事者《とうじしゃ》である。そのことをよく理解《りかい》し、足元《あしもと》の生活《せいかつ》から少《すこ》しでも変《か》えていきたいと思《おも》う。

生《い》きるために食《た》べるのか、
食《た》べるために生《い》きるのか

人《ひと》から奪《うば》わない生活《せいかつ》

生《い》きるために食《た》べるのか、食《た》べるために生《い》きるのかという問《と》いは、ナンセンスと思《おも》われるだろうか。私《わたし》は人間《にんげん》がものを食《た》べるのは、あまりにも当《あ》たり前《まえ》のことなので、改《あらた》めてそのことを意識《いしき》することがずっとなかった。その理由《りゆう》は、物心《ものごころ》ついたときから、目《め》の前《まえ》に食《た》べ物《もの》があるのは当《あ》たり前《まえ》で、食事《しょくじ》がないとか、食《た》べるものがなくてひもじい思《おも》いをしたという経験《けいけん》がなかったからだろう。

けれども肉食《にくしょく》と飢餓《きが》の問題《もんだい》を知《し》るようになり、人間《にんげん》は食《た》べなければ生《い》きていけない動物《どうぶつ》であるということを初《はじ》めて意識《いしき》するようになった。それまでは「食《た》べる」という行為《こうい》を客観的《きゃっかんてき》に見《み》ることがなかったのだ。そんな私《わたし》は、小学校入学《しょうがっこうにゅうがく》と同時《どうじ》に始《はじ》まった学校給食《がっこうきゅうしょく》が好《す》きではなかった。一九五八年《ねん》、昭和《しょうわ》三十三年《ねん》のことだ。野菜《やさい》が硬《かた》かったり、味付《あじつ》けが悪《わる》く、時《とき》には焦《こ》げが入《はい》っているものもあった。幼《おさな》くて、当時《とうじ》の社会状況《しゃかいじょうきょう》や日本《にっぽん》が置《お》かれていた立場《たちば》など知《し》る由《よし》もなかったから、給食《きゅうしょく》がなければよいと本《ほん》当《とう》に思《おも》っていた。

戦争《せんそう》に負《ま》けて、国土《こくど》の多《おお》くは焦土《しょうど》と化《か》した戦後《せんご》の日本《にっぽん》は大変《たいへん》な食糧難《しょくりょうなん》だった。子供《こども》の栄養失調《えいようしっちょう》が大《おお》きな問題《もんだい》であり、餓死《がし》する子供《こども》もいた。そんな時《とき》、日本《にっぽん》を占領《せんりょう》していたアメリカが小麦《こむぎ》と脱脂粉乳《だっしふんにゅう》を援助《えんじょ》してくれることになった。戦後《せんご》の学校給食《がっこうきゅうしょく》の始《はじ》まりである。

そのため学校給食《がっこうきゅうしょく》は、パンと脱脂粉乳《だっしふんにゅう》に日本的《にっぽんてき》なおかずという献立《こんだて》だった。けれどもこの援助《えんじょ》には裏《うら》があり、その時代《じだい》にアメリカ政府《せいふ》は、大《たい》量《りょう》に生産《せいさん》された余剰小麦《よじょうこむぎ》の売却先《ばいきゃくさき》として日本《にっぽん》を定《さだ》め、最初《さいしょ》は援助《えんじょ》という名目《めいもく》で小麦《こむぎ》と脱脂粉乳《だっしふんにゅう》が提供《ていきょう》されたそうだ。

そのころの事情《じじょう》を調《しら》べてみると、まだ栄養学《えいようがく》などは未発達《みはったつ》で、栄養士《えいようし》なる存在《そんざい》もほとんどなく、日本人《にっぽんじん》の体格《たいかく》が欧米人《おうべいじん》と比《くら》べて貧弱《ひんじゃく》なのは、米《こめ》に栄養《えいよう》がないからだと本当《ほんとう》に信《しん》じているアメリカの栄養学者《えいようがくしゃ》もいたということだ。

この時代《じだい》、日本人《にっぽんじん》の食習慣《しょくしゅうかん》を欧米化《おうべいか》するために、キッチンカーなるものが全国《ぜんこく》を巡回《じゅんかい》し、食事《しょくじ》の欧米化《おうべいか》が大《おお》いに奨励《しょうれい》された。アメリカの農産物《のうさんぶつ》を日本《にっぽん》に恒常的《こうじょうてき》に輸出《ゆしゅつ》するための目的《もくてき》でもあった。学校給食《がっこうきゅうしょく》でパンが主食《しゅしょく》として提供《ていきょう》されたため、パン職人《しょくにん》の養成《ようせい》も積極的《せっきょくてき》に行《おこな》われた。このようなことが契機《けいき》となり、日本《にっぽん》の食《しょく》の欧米化《おうべいか》が急速《きゅうそく》に広《ひろ》がり、それはやがて現代《げんだい》の日本人《にっぽんじん》の食習慣《しょくしゅうかん》や健康面《けんこうめん》にも影響《えいきょう》を及《およ》ぼしている。これほど短期間《たんきかん》で、食習慣《しょくしゅうかん》が変《か》わったところは、世界《せかい》の中《なか》でも珍《めずら》しいといわれている。

その割《わり》には、日本人《にっぽんじん》の肥満《ひまん》の割合《わりあい》は欧米人《おうべいじん》に比《くら》べて少《すく》ないように思《おも》われる。食事《しょくじ》の傾向《けいこう》はある程度《ていど》変《か》わったが、味噌《みそ》や醤油《しょうゆ》を使《つか》い、豆腐《とうふ》などを日《にち》常的《じょうてき》に食《た》べる基本《きほん》は根強《ねづよ》く残《のこ》っているからかもしれない。更《さら》に今《いま》では日《にっ》本《ぽん》の伝統的《でんとうてき》な食文化《しょくぶんか》が見直《みなお》されていて、日本食《にほんしょく》が無形文化遺産《むけいぶんかいさん》として登録《とうろく》された。このような変遷《へんせん》はあるが、戦後《せんご》の混乱期《こんらんき》、子供《こども》たちを飢餓《きが》から救《すく》ったのが、学校給食《がっこうきゅうしょく》だった。

高度経済成長期《こうどけいざいせいちょうき》を経《へ》て、ファーストフードの普及《ふきゅう》や外食《がいしょく》の隆盛《りゅうせい》があり、経済発展《けいざいはってん》と共《とも》に上昇《じょうしょう》カーブを描《えが》いてきたものに肉食《にくしょく》がある。これは世界的《せかいてき》な傾向《けいこう》で、経済発展《けいざいはってん》と肉《にく》の消費《しょうひ》は比例《ひれい》している。日本《にっぽん》もその例《れい》にもれず、日本中《にっぽんじゅう》でブランド牛《ぎゅう》の肥育《ひいく》が行《おこな》われ、豚《ぶた》や鶏肉《とりにく》も同《おな》じ線上《せんじょう》にある。

かつては飢餓《きが》で苦《くる》しんだ日本《にっぽん》であったが、今《いま》では飽食《ほうしょく》の時代《じだい》からさらに進《すす》んで、肉食《にくしょく》や贅沢《ぜいたく》な食事《しょくじ》が雑誌《ざっし》やテレビで紹介《しょうかい》される。その一方《いっぽう》で、安《あん》全《ぜん》な食品《しょくひん》、野菜中心《やさいちゅうしん》の食事《しょくじ》を求《もと》める人《ひと》も現《あらわ》れていて、それぞれが自分《じぶん》の志向《しこう》に合《あ》わせて好《この》みのものを選《えら》べる時代《じだい》といえるかもしれない。

そんな中《なか》で目《め》を世界《せかい》に転《てん》じると、グローバリゼーションに伴《ともな》い極端《きょくたん》な格《かく》差《さ》が生《う》まれている。世界人口《せかいじんこう》のうち約《やく》十億人《おくにん》が飢餓《きが》線上《せんじょう》にあり、毎日《まいにち》四〜五万《まん》の人《ひと》が亡《な》くなっていて、その七割以上《わりいじょう》が子供《こども》たちだ。

世界全体《せかいぜんたい》の穀物生産量《こくもつせいさんりょう》は、世界中《せかいじゅう》の人《ひと》が生《い》きていくのに必要《ひつよう》な量《りょう》の二倍《ばい》ある。それにもかかわらず飢餓《きが》が起《お》こるのは、穀物《こくもつ》が牛《うし》や豚《ぶた》、鶏《にわとり》、養殖《ようしょく》魚《ぎょ》などのえさとして生産《せいさん》されているからだ。世界《せかい》で十分《じゅうぶん》に食料《しょくりょう》があるのは、約《やく》二割《わり》の人《ひと》だけで日本《にっぽん》もその中《なか》に含《ふく》まれる。この二割《わり》の国《くに》で、世界《せかい》の穀物《こくもつ》の半分以上《はんぶんいじょう》を消費《しょうひ》しているのだ。

日本《にっぽん》に限《かぎ》っていうと、先進諸国《せんしんしょこく》の中《なか》でも食料自給率《しょくりょうじきゅうりつ》が極端《きょくたん》に低《ひく》い。日《にっ》本人《ぽんじん》の日常《にちじょう》の食事《しょくじ》に欠《か》かせない醤油《しょうゆ》や味噌《みそ》の原料《げんりょう》である大豆《だいず》は、その九割《わり》以上《いじょう》を輸入《ゆにゅう》に頼《たよ》っている。また牛《うし》や豚《ぶた》などに与《あた》える穀物飼料《こくもつしりょう》のトウモロコシや大豆《だいず》も、九割前後輸入《わりぜんごゆにゅう》している。日本《にっぽん》は量《りょう》にして年間《ねんかん》五千五百万《まん》トンの食糧《しょくりょう》を輸入《ゆにゅう》していて、その三分《ぶん》の一の一千八百万《まん》トンを廃棄《はいき》している。

この量《りょう》は、世界全体《せかいぜんたい》の食糧援助総量《しょくりょうえんじょそうりょう》の四百七十万《まん》トンをはるかに上回《うわまわ》り、日本人《にっぽんじん》としては恥《は》ずかしい現実《げんじつ》だ。

これらの事実《じじつ》からわかることは、私《わたし》たちの食生活《しょくせいかつ》を変《か》えていかなければならないということだ。まず肉食《にくしょく》を少《すこ》しずつでも減《へ》らしていく必要《ひつよう》がある。穀物《こくもつ》を動物《どうぶつ》の飼料《しりょう》ではなく、人間《にんげん》の食物《しょくもつ》に転換《てんかん》できるからだ。かつての日《にっ》本《ぽん》がアメリカの援助《えんじょ》によって飢餓《きが》から救《すく》われたように、同《おな》じ地球《ちきゅう》に住《す》む仲《なか》間《ま》が飢《う》えの苦《くる》しみから解放《かいほう》されるための手助《てだす》けになる。飢餓《きが》に苦《くる》しむ人《ひと》たちに、間接的《かんせつてき》に援助《えんじょ》の手《て》を差《さ》し伸《の》べていることになるからだ。

食料《しょくりょう》を買《か》い過《す》ぎないことや食《た》べ過《す》ぎないことも心《こころ》がけたい。食《た》べるものがなく飢《う》えに苦《くる》しむ人《ひと》がいる中《なか》で、食《た》べられるものを捨《す》てるというのは、あってはならないことだ。私《わたし》は少《すこ》し面倒《めんどう》ではあるが、冷蔵庫《れいぞうこ》にあるものをすべて書《か》き出《だ》していて、使《つか》ったものは消《け》しゴムや線《せん》で消《け》していくようにしている。こうすることで、食《た》べるものを捨《す》てることはほとんどない。

自分《じぶん》の行為《こうい》が人《ひと》の幸《しあわ》せを奪《うば》うことなどだれも望《のぞ》んでいない。けれども肉《にく》食《しょく》は、知《し》らないでそのような罪《つみ》を犯《おか》すことになり、間接的《かんせつてき》に人《ひと》の食糧《しょくりょう》を奪《うば》う行為《こうい》になっている。私《わたし》は肉食《にくしょく》を止《や》めて十数年《すうねん》になる。加《くわ》えて地元《じもと》で作《つく》られた旬《しゅん》の食材《しょくざい》、地産地消《ちさんちしょう》、旬産旬消《しゅんさんしゅんしょう》のものをできるだけいただき、農薬《のうやく》や化学肥料《かがくひりょう》を多用《たよう》しているものを避《さ》けることも、生活《せいかつ》の中心《ちゅうしん》に置《お》いている。人間《にんげん》だけでなく、私《わたし》たちを生《い》かし支《ささ》えてくれる自然《しぜん》を守《まも》ることも大切《たいせつ》だと考《かんが》えているからだ。

　少《すこ》しハードルの高《たか》い生活《せいかつ》のように感《かん》じられるかもしれない。けれども自《じ》分《ぶん》だけでなく、未来《みらい》を生《い》きる人達《ひとたち》のことを考《かんが》えれば、どうしても実行《じっこう》しなくてはならない喫緊《きっきん》のことだと思《おも》っている。

第6章 わたしの夢・あなたの夢

人生《じんせい》に近道《ちかみち》はなく、
努力《どりょく》の積《つ》み重《かさ》ねだけが
〝夢《ゆめ》の実現《じつげん》〟につながる。

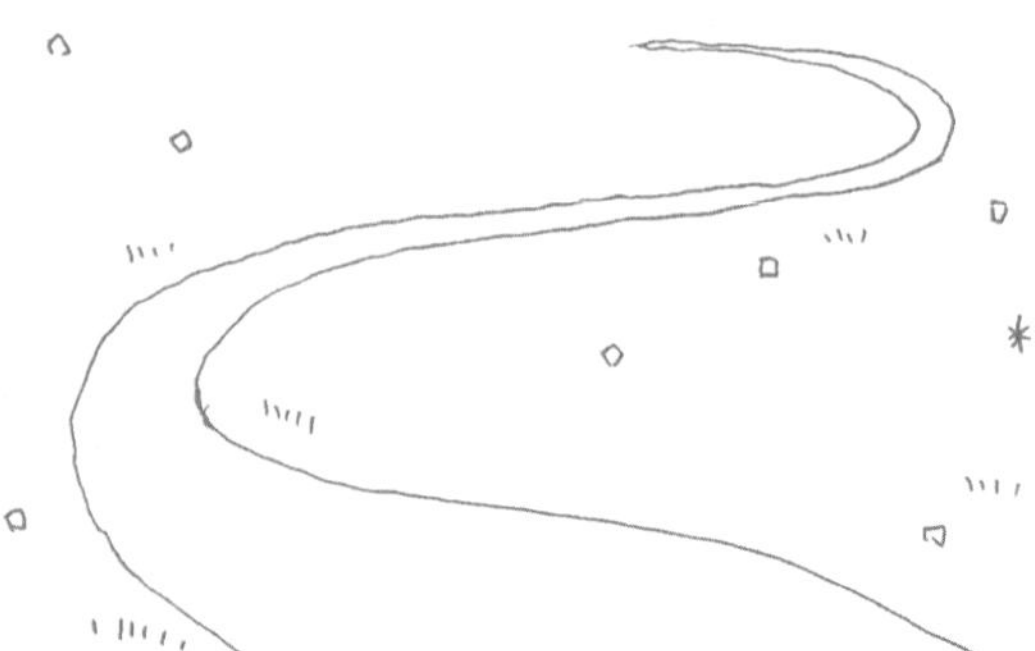

夢《ゆめ》の架《か》け橋《はし》

娘《むすめ》がわが家《や》にやってきて、近況《きんきょう》などを話《はな》していた時《とき》のことだ。やりたいことや希望《きぼう》について、自分自身《じぶんじしん》や友人《ゆうじん》のことなどに話《はなし》が及《およ》んだ。彼女《かのじょ》の友《ゆう》人《じん》の一人《ひとり》は、希望《きぼう》の職種《しょくしゅ》にはついたが、そこではまだ一人前《いちにんまえ》として扱《あつか》ってくれないと不満《ふまん》を漏《も》らす。娘《むすめ》に言《い》わせると、今《いま》の若者《わかもの》が二〜三年《ねん》で仕事《しごと》を辞《や》めるのも、そういう職場《しょくば》にも原因《げんいん》があるのではないかという。

それを聞《き》いた私《わたし》は、

「仕事《しごと》とはそういうものよ」

と言《い》った。

「職場《しょくば》は学校《がっこう》ではなく、仕事《しごと》を通《とお》して会社《かいしゃ》や社会《しゃかい》に貢献《こうけん》するところよ。学《がっ》校《こう》のように、親切丁寧《しんせつていねい》に色々《いろいろ》なことを教《おし》えてはくれないわ。自分《じぶん》が会社《かいしゃ》に対《たい》して、何《なに》ができるのか、どのような貢献《こうけん》ができるかが重要《じゅうよう》で、そのような働《はたら》きを求《もと》められるところよ」

と私《わたし》は続《つづ》けた。娘《むすめ》は、

「そうだよね。そこで何《なに》ができるかが求《もと》められるのよね」

と肯《うなず》いた。

「そうよ。その人《ひと》がまだ新人《しんじん》であっても、熱心《ねっしん》さや仕事《しごと》への誠実《せいじつ》さがあれば、職場《しょくば》で疎外《そがい》されたりいい加減《かげん》に扱《あつか》われることはないと思《おも》うよ。本人《ほんにん》の姿勢《しせい》が大切《たいせつ》ね」

私《わたし》は、少《すこ》し偉《えら》そうに娘《むすめ》に話《はな》した。

娘《むすめ》は納得《なっとく》してくれたようだが、現実《げんじつ》の職場《しょくば》では、様々《さまざま》な例外的《れいがいてき》ケースがあるだろう。実際《じっさい》には意地悪《いじわる》な先輩《せんぱい》がいたり、人《ひと》を将棋《しょうぎ》の駒《こま》のように扱《あつか》う上司《じょうし》もいるかもしれない。が、原則《げんそく》はこの通《とお》りだと思《おも》う。

また、彼女《かのじょ》の別《べつ》の友人《ゆうじん》は、

「自分《じぶん》が本当《ほんとう》にやりたいことがわからない」

と言《い》うそうだ。

こういう若者《わかもの》の話《はなし》はよく聞《き》くが、豊《ゆた》かな社会《しゃかい》ゆえの悩《なや》みだと思《おも》う。

私《わたし》が十代《だい》の頃《ころ》は、戦後《せんご》すぐの極貧《ごくひん》の状態《じょうたい》は通《とお》り過《す》ぎたが、それでも今《いま》と比《くら》べれば社会《しゃかい》は貧《まず》しかった。私《わたし》の通《かよ》っていた中学校《ちゅうがっこう》では、ほとんどの生徒《せいと》が高校《こうこう》に進学《しんがく》したが、成績《せいせき》が良《よ》いにもかかわらず、経済的理由《けいざいてきりゆう》で進学《しんがく》できない人《ひと》もいた。その彼女《かのじょ》は、いつも穏《おだ》やかで控《ひか》えめだった。彼女《かのじょ》が就職《しゅうしょく》すると聞《き》いた時《とき》、もっと成績《せいせき》の悪《わる》い生徒《せいと》が多《おお》く進学《しんがく》する中《なか》で、どんなに残念《ざんねん》な思《おも》いだろう、と私《わたし》は思《おも》った。彼女《かのじょ》は、関西方面《かんさいほうめん》の大手私鉄《おおてしてつ》に就職《しゅうしょく》し、特《とっ》急《きゅう》の車内販売《しゃないはんばい》の仕事《しごと》についた、と後《あと》から聞《き》いた。〝自分《じぶん》の夢《ゆめ》〟など問題《もんだい》ではなく、働《はたら》かなくてはならなかったのだ。

また娘《むすめ》は、こんなことも言《い》った。

「絶対《ぜったい》にかなわない夢《ゆめ》とか希望《きぼう》ってあるよね？」

私《わたし》は、こう答《こた》えた。

「絶対《ぜったい》にかなわない希望《きぼう》というのはないと思《おも》うよ」

娘《むすめ》は、これには抵抗《ていこう》した。

「でも、変《へん》な例《れい》だけど、アメリカの大統領《だいとうりょう》になりたいとかいう希望《きぼう》は、叶《かな》えられないでしょう？」

私《わたし》は答《こた》えた――

「それは、その人《ひと》の本当《ほんとう》の希望《きぼう》ではないんじゃない？　本当《ほんとう》の希望《きぼう》とは、自分《じぶん》の心《こころ》の底《そこ》から、切実《せつじつ》に実現《じつげん》したいと願《ねが》うものであって、単《たん》なる空想《くうそう》ではないのよ。それに、まったく思《おも》ってもいなかったことが実現《じつげん》するってことも、ないと思《おも》うよ。希望《きぼう》とか夢《ゆめ》は、本当《ほんとう》に努力《どりょく》すればかなえられると私《わたし》は思《おも》う。問題《もんだい》は、自分《じぶん》の希望《きぼう》をどこまで信《しん》じられるかだと思《おも》う」

「そうだね。自分《じぶん》とかけ離《はな》れたことは、本当《ほんとう》は望《のぞ》まないもんね」

と、娘《むすめ》は言《い》った。

若者《わかもの》は、自分《じぶん》の〝本当《ほんとう》の希望《きぼう》〟とか〝本当《ほんとう》にやりたいこと〟について、幻想《げんそう》を抱《いだ》くことがある。それは青空《あおぞら》にふと浮《う》かぶ白《しろ》い雲《くも》のように、ある日《ひ》、自分《じぶん》の目《め》の前《まえ》に確《たし》かなものが現《あら》われて、「コレだ！」とはっきり分《わ》かるだろう、などと考《かんが》えがちだ。

でも実際《じっさい》は、それらはそんな遠《とお》くにあるものではなく、今自分《いまじぶん》の目《め》の前《まえ》に与《あた》えられていることを、一所懸命《いっしょけんめい》することから見《み》えてくるものである。

先日《せんじつ》、三國清三《みくにきよみ》さんが「仕事力《しごとりょく》」というテーマで興味深《きょうみぶか》い話《はなし》を新聞《しんぶん》に書《か》いていた。

三國《みくに》さんは、今《いま》や世界《せかい》に名《な》を馳《は》せるフランス料理《りょうり》のオーナーシェフである。北海道《ほっかいどう》の滝川《たきかわ》に近《ちか》い増毛町出身《ましけちょうしゅっしん》で、父親《ちちおや》は漁師《りょうし》だったが、兄弟《きょうだい》が七人《にん》いたから家計《かけい》は楽《らく》でなく、中学卒業後《ちゅうがくそつぎょうご》は就職《しゅうしょく》しなければならなかった。

三國《みくに》さんは私《わたし》と二歳《さい》しか違《ちが》わないから、私《わたし》の場合《ばあい》と似《に》た社会情勢《しゃかいじょうせい》の中《なか》で育《そだ》ったのだろう。高校《こうこう》に進学《しんがく》できないことはとても悔《くや》しく、コンプレックスを持《も》ち続《つづ》けた、と著書《ちょしょ》『料理《りょうり》の哲学《てつがく》』（青春出版社《せいしゅんしゅっぱんしゃ》）の中《なか》で語《かた》っている。三國少年《みくにしょうねん》は、十五歳《さい》で札幌《さっぽろ》の商店《しょうてん》に丁稚奉公《でっちぼうこう》に出《で》るのであるが、夜間《やかん》は調理師学校《ちょうりしがっこう》に通《かよ》った。それは、料理《りょうり》に興味《きょうみ》があったというよりは、食《た》べ物《もの》に対《たい》する執着心《しゅうちゃくしん》が人一倍《ひといちばい》強《つよ》かったからだという。家《いえ》が貧《まず》しくて、学校《がっこう》に持《も》っていく弁当《べんとう》には、おかずが何《なに》も入《はい》っていなかったのだ。そんな経験《けいけん》から、調理師《ちょうりし》になり厨房《ちゅうぼう》で働《はたら》くようになれば、「食《く》いっぱぐれはないだろう」と思《おも》った。だから調理師学校《ちょうりしがっこう》を卒業《そつぎょう》したら、どこか普通《ふつう》の食堂《しょくどう》で働《はたら》くことしか考《かんが》えていなかった。

そんな三國少年《みくにしょうねん》の考《かんが》えを変《か》えるきっかけになったのが、奉公先《ほうこうさき》で出《だ》されたハンバーグだった。生《う》まれて初《はじ》めて見《み》るハンバーグには、黒《くろ》いソースがかかっていて、彼《かれ》にはそれが毒《どく》に見《み》えた。ところが一口《ひとくち》食《た》べてみると、なんとも言《い》えずおいしかった。

「こんなうまいもんが世《よ》の中《なか》にあるのなら、自分《じぶん》はこれをつくる料理人《りょうりにん》になろう」

と、三國少年《みくにしょうねん》は思《おも》ったという。

当時《とうじ》、札幌《さっぽろ》で洋食《ようしょく》といえば札幌《さっぽろ》グランドホテルと教《おし》えられ、彼《かれ》は頼《たの》み込《こ》んでパートの鍋洗《なべあら》いとして雇《やと》ってもらった。それからは、鍋《なべ》をピカピカに磨《みが》く仕事《しごと》を一人《ひとり》で黙々《もくもく》と数人分《すうにんぶん》こなしたという。そんな働《はたら》きぶりはやがて認《みと》められ、「高卒以上《こうそついじょう》」というホテルの採用規定《さいようきてい》にもかかわらず、半年《はんとし》で正社員《せいしゃいん》にしてもらった。正社員《せいしゃいん》になってからは、仕事《しごと》を懸命《けんめい》に覚《おぼ》え、先輩《せんぱい》や同僚《どうりょう》が帰宅《きたく》した後《あと》も居残《いのこ》って、翌朝《よくあさ》の準備《じゅんび》をしながら料理《りょうり》の練習《れんしゅう》をした。

こんな努力《どりょく》をひたすらに続《つづ》けるうちに、「さらに上《うえ》を」との意欲《いよく》が生《う》まれ、今度《こんど》は日本一《にっぽんいち》のシェフの下《もと》で修行《しゅぎょう》をしたいという夢《ゆめ》を持《も》つのである。

たゆまぬ努力《どりょく》と強《つよ》い願《ねが》いは、開《あ》かずの扉《とびら》を開《あ》けるものである。三國《みくに》さんは、十八歳《さい》の時《とき》には東京《とうきょう》の帝国《ていこく》ホテルの村上料理長《むらかみりょうりちょう》のもとで、鍋洗《なべあら》いではあるが働《はたら》けるようになる。が、帝国《ていこく》ホテルでは、札幌《さっぽろ》グランドホテルのようにはうまくいかず、いつまでたってもパートタイムの鍋洗《なべあら》いから抜《ぬ》け出《だ》すことができなかった。三國《みくに》さんが二十歳《はたち》になり、挫折感《ざせつかん》を味《あじ》わい悩《なや》み始《はじ》めたころ、しかし突然《とつぜん》、村上料理長《むらかみりょうりちょう》からスイスの日本大使館付料理長《にっぽんたいしかんつきりょうりちょう》に推薦《すいせん》されるのである。

長《なが》い話《はなし》をこうして短《みじか》く書《か》くと、三國《みくに》さんが歩《あゆ》んだ道《みち》はまるで〝お伽話《とぎばなし》〟のように聞《き》こえるかもしれない。が、実際《じっさい》は、〝本当《ほんとう》の希望《きぼう》〟への道《みち》は、人並《ひとな》み外《はず》れた努力《どりょく》によって開《ひら》けてきたのだ。

人生《じんせい》に近道《ちかみち》はなく、努力《どりょく》の積《つ》み重《かさ》ねだけが〝夢《ゆめ》の実現《じつげん》〟につながる。だから、目《め》の前《まえ》にあることを、希望《きぼう》を持《も》って努力《どりょく》すれば、〝夢《ゆめ》の架《か》け橋《はし》〟になるかもしれないのである。

夢の架け橋

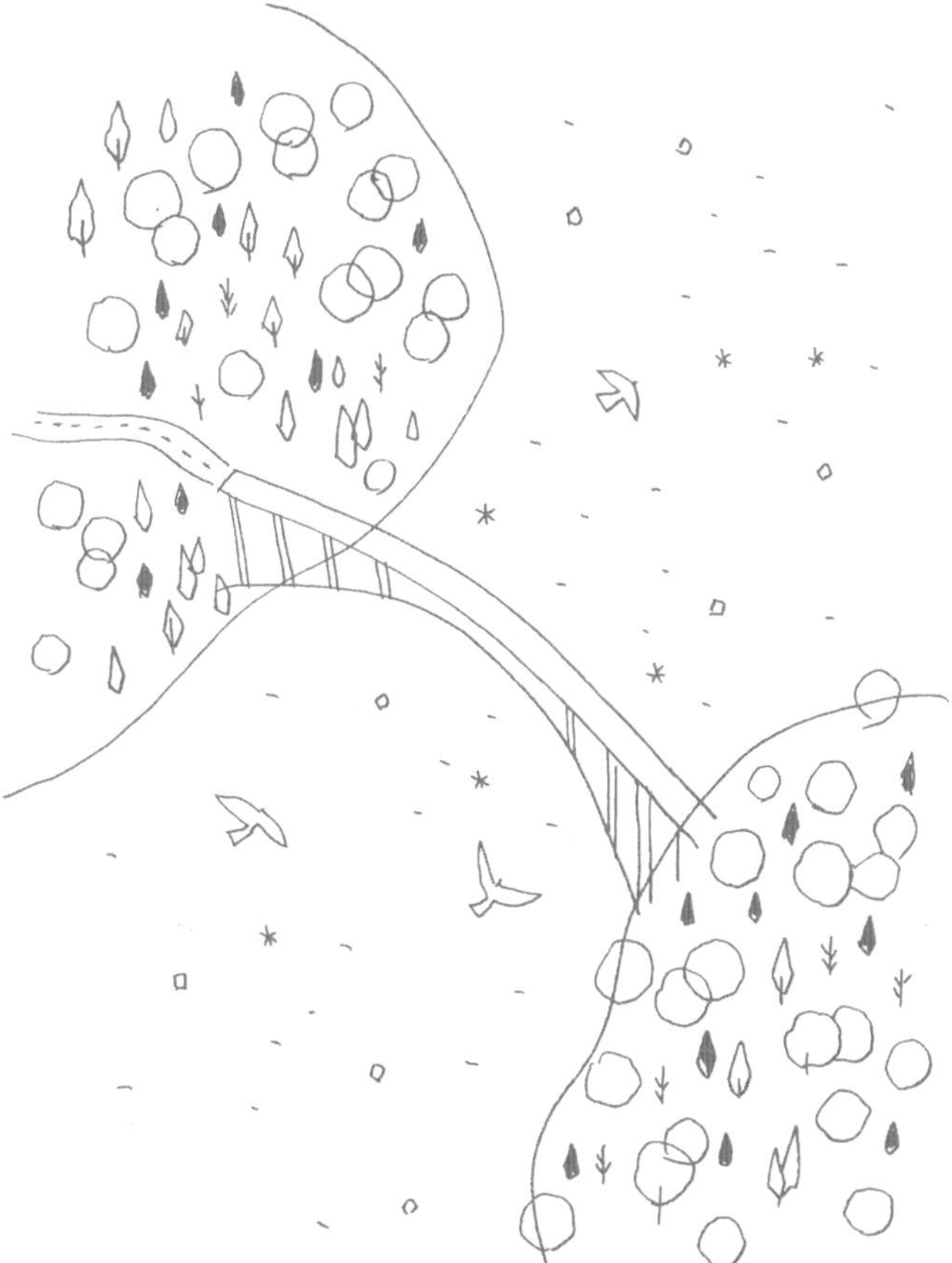

私《わたし》たちの人生《じんせい》は、夢《ゆめ》の地平線《ちへいせん》——
無限《むげん》の可能性《かのうせい》に向《む》かって、
どこまでも伸《の》びてゆくものである。

夢《ゆめ》の地《ち》平線《へいせん》

「国際線《こくさいせん》のスチュワーデス[*1]になりたい」

——それは、私《わたし》が小学校《しょうがっこう》の五、六年生《ねんせい》の時《とき》に持《も》った夢《ゆめ》である。そのきっかけは、当時《とうじ》テレビで放映《ほうえい》されていた『兼高《かねたか》かおる世界《せかい》の旅《たび》』という番組《ばんぐみ》を見《み》てからだ。昭和《しょうわ》三十年代《ねんだい》のことである。

昭和《しょうわ》二十年《ねん》（一九四五年《ねん》）、日本《にっぽん》は戦争《せんそう》に負《ま》けて、国土《こくど》は焦土《しょうど》と化《か》し、荒《あ》れ果《は》てていたというが、戦後《せんご》の二十七年《ねん》（一九五二年《ねん》）生《う》まれの私《わたし》は、それを知《し》らない。それよりも私《わたし》が育《そだ》った時代《じだい》は、家庭《かてい》にテレビや電気洗濯機《でんきせんたくき》、冷蔵庫《れいぞうこ》などが次々《つぎつぎ》に普及《ふきゅう》し、車《くるま》も次第《しだい》に一般的《いっぱんてき》になりつつあった。今振《いまふ》り

＊1　旅客機に乗り込む女性の客室乗務員（キャビンアテンダント）

返《かえ》れば、戦後《せんご》の復興《ふっこう》に人々《ひとびと》が懸命《けんめい》に働《はたら》き、社会《しゃかい》はスピードを上《あ》げて、豊《ゆた》かになっていった時期《じき》だった。やがてそれは、世界中《せかいじゅう》の国々《くにぐに》から〝奇跡《きせき》の復《ふっ》興《こう》〟と呼《よ》ばれる、戦後日本《せんごにっぽん》の経済成長《けいざいせいちょう》へつながるのである。

そんな発展《はってん》の前触《まえぶ》れの時代《じだい》に、『兼高《かねたか》かおる世界《せかい》の旅《たび》』は、多《おお》くの日本《にっぽん》人《じん》の目《め》を世界《せかい》に開《ひら》かせた。それとともに、この番組《ばんぐみ》は小学生《しょうがくせい》の私《わたし》の眼《め》の前《まえ》に、世界《せかい》を舞台《ぶたい》に活躍《かつやく》する素晴《すば》らしい日本女性《にっぽんじょせい》の姿《すがた》を映《うつ》し出《だ》してくれた。女性《じょせい》が社会《しゃかい》で活躍《かつやく》するというのは、まだまだ珍《めずら》しい時代《じだい》だった。そんな中《なか》で、兼高《かねたか》さんは世界《せかい》の様々《さまざま》な国《くに》へ行《い》き、現地《げんち》の人々《ひとびと》と触《ふ》れ合《あ》い、いろいろな経験《けいけん》をするのだ。またその番組《ばんぐみ》は、彼女《かのじょ》の女性《じょせい》としての個性《こせい》が前面《ぜんめん》に出《で》た、魅力的《みりょくてき》な内容《ないよう》だった。子《こ》どもながら私《わたし》は、これが男性《だんせい》の番組《ばんぐみ》なら、それほどチャーミングにはならないだろうと思《おも》った。

女性《じょせい》の天分《てんぶん》とも言《い》うべきものを存分《ぞんぶん》に発揮《はっき》して、男性《だんせい》にはできない形《かたち》で社会《しゃかい》に大《おお》きく貢献《こうけん》している——私《わたし》にはそんな風《ふう》に感《かん》じられた。そして「私《わたし》も、兼高《かねたか》さんのような生《い》き方《かた》がしたい」と、強《つよ》く思《おも》ったのである。加《くわ》えて、世界《せかい》には、私《わたし》の知《し》らない沢山《たくさん》の未知《みち》なる世界《せかい》がある。そのような世界《せかい》も見《み》てみたいと思《おも》った。そんな私《わたし》の心《こころ》に浮《う》かんだのが、「国際線《こくさいせん》スチュワーデス」という職業《しょくぎょう》だった。

幼《おさな》いときは〝世間《せけん》の常識《じょうしき》〟にはうといし、自分《じぶん》に規制《きせい》を加《くわ》えることが少《すく》ない。だから私《わたし》は、この夢《ゆめ》を叶《かな》えることが難《むずか》しいとはあまり考《かんが》えなかったのである。中学《ちゅうがく》を卒業《そつぎょう》するまでは、私《わたし》は何《なん》の屈託《くったく》もなく、「将来《しょうらい》の希望《きぼう》は、スチュワーデスになること」と、家《いえ》でも学校《がっこう》でも大《おお》きな声《こえ》で言《い》っていた。けれども、高校《こうこう》に入《はい》ってからは、それを人《ひと》に言《い》わなくなった。そんな夢《ゆめ》を持《も》っていることが人《ひと》に知《し》られたら、恥《は》ずかしいと思《おも》うようになっていた。人《ひと》の目《め》を気《き》にするようになったのだ。それなら夢《ゆめ》をあきらめたのかというと、やはり密《ひそ》かに夢《ゆめ》は持《も》ち続《つづ》けていた。それ以外《いがい》の選択《せんたく》が、私《わたし》には思《おも》い浮《う》かばなかったのだ。そして、この夢《ゆめ》を実現《じつげん》するために、自分《じぶん》の実力《じつりょく》とは関《かん》係《けい》なく、志望大学《しぼうだいがく》を「東京外国語大学《とうきょうがいこくごだいがく》外国語学部《がいこくごがくぶ》英米語学科《えいべいごがっか》（当時《とうじ》）」に定《さだ》め、家族《かぞく》にはそれを言《い》っていた。

そんな私《わたし》の前《まえ》に、ある日《ひ》突然《とつぜん》、思《おも》いがけないことが起《お》こった。それは高校《こう》二年《ねん》の冬《ふゆ》のことだったと思《おも》う。学校《がっこう》の帰《かえ》り道《みち》に、親友《しんゆう》が私《わたし》にこう打《う》ち明《あ》けたのである。

「私《わたし》、スチュワーデスの試験《しけん》、受《う》けようと思《おも》うんだけど……」

私《わたし》は、この親友《しんゆう》にも自分《じぶん》の夢《ゆめ》について語《かた》っていなかった。彼女《かのじょ》の言葉《ことば》を聞《き》いて、私《わたし》は大変《たいへん》驚《おどろ》いた。まさか彼女《かのじょ》が、自分《じぶん》と同《おな》じ夢《ゆめ》を持《も》っているとは知《し》らなかった。だから、スチュワーデスになるのは、私《わたし》の小学生《しょうがくせい》からの夢《ゆめ》だった、と彼女《かのじょ》に話《はな》した。そして、

結論《けつろん》はすぐに出《で》た。

「二人《ふたり》で試験《しけん》を受《う》けよう！」

試験《しけん》はその年《とし》の夏《なつ》で、準備《じゅんび》期間《きかん》は半年《はんとし》しかなかった。私《わたし》は、自分《じぶん》が試験《しけん》

を受《う》けるのは大学生《だいがくせい》のときと決《き》めていたから、何《なん》の準備《じゅんび》もしていなかった。当時《とうじ》、外国語《がいこくご》の勉強《べんきょう》といえば、リンガフォン[＊2]のテープくらいしかなく、住《す》んでいた伊勢《いせ》から英会話《えいかいわ》テープを買《か》うために、あわてて名古屋《なごや》まで出《で》かけた。また伊勢《いせ》のカトリック教会《きょうかい》で、シスターが英会話《えいかいわ》を教《おし》えてくれるのを知《し》って、個人教授《こじんきょうじゅ》を依頼《いらい》した。

全《まった》くのにわか勉強《べんきょう》である。だから私《わたし》は、できれば受《う》かりたいが、ダメでもまた大学《だいがく》に行《い》って挑戦《ちょうせん》しようと思《おも》っていた。〃一本道《いっぽんみち》〃しか見《み》えない者《もの》の強《つよ》みである。他《ほか》の選択《せんたく》は、私《わたし》には考《かんが》えられなかった。

やがてその年《とし》の八月《がつ》から九月《がつ》にかけて、四回試験《かいしけん》が行《おこな》われた。全国《ぜんこく》の大《だい》都市《とし》で試験《しけん》が行《おこな》われたようだが、私《わたし》の場合《ばあい》は、名古屋市《なごやし》の南山大学《なんざんだいがく》が一次《じ》試験会場《しけんかいじょう》だった。愛知県《あいちけん》に住《す》んでいた祖母《そぼ》が、試験《しけん》に付《つ》き添《そ》ってくれた。

その祖母《そぼ》が、後《あと》から私《わたし》にこんなことを言《い》った。

「試験会場《しけんかいじょう》には、きれいにお化粧《けしょう》した女性《じょせい》ばかりで、セーラー服《ふく》のお下《さ》げ

＊2　外国語学習教材の出版社

髪《がみ》は、幼《おさな》く見《み》えたの。一緒《いっしょ》に付《つ》き添《そ》いで来《き》ていた他《ほか》のお母《かあ》さんと話《はな》したら、その人《ひと》の娘《むすめ》さんは、スチュワーデスになるための学校《がっこう》にも行《い》って、色々《いろいろ》準備《じゅんび》をしていたそうよ。だから、純子《じゅんこ》ちゃんを慰《なぐさ》めてあげなくては、と思《おも》ったの」

祖母《そぼ》は、試験会場《しけんかいじょう》の印象《いんしょう》から、私《わたし》が合格《ごうかく》するのは到底無理《とうていむり》だろうと思《おも》ったのだ。が、私《わたし》は試験《しけん》に受《う》かったのである。

これは、私《わたし》の個人的経験《こじんてきけいけん》だから、すべての人《ひと》には当《あ》てはまらないだろう。誰《だれ》でも夢《ゆめ》をもち続《つづ》ければ、必《かなら》ず叶《かな》うというものでもない。その人《ひと》が、自分《じぶん》の気持《きもち》に正直《しょうじき》で、かつ努力《どりょく》を続《つづ》けているか、また夢《ゆめ》が叶《かな》うことを信《しん》じているかどうかによって、結果《けっか》は違《ちが》ってくる。しかし、その一方《いっぽう》で、この世界《せかい》には、常識的《じょうしきてき》な判断《はんだん》を超《こ》えることも、沢山《たくさん》起《お》こる。常識《じょうしき》では不可能《ふかのう》と思《おも》うようなことも、人《ひと》の心《こころ》の持《も》ち方《かた》によって、可能《かのう》になる場合《ばあい》もあるのである。

もちろん、若《わか》い時《とき》の希望《きぼう》は、成長《せいちょう》の過程《かてい》で変化《へんか》することもある。いや、

「変化《へんか》」ではなく「成熟《せいじゅく》」して、より良《よ》くなることが多《おお》いかもしれない。しかし、変化《へんか》してもしなくても、大切《たいせつ》なことは、自分《じぶん》の心《こころ》の声《こえ》を聞《き》いて、その心《こころ》に忠実《ちゅうじつ》に生《い》きようと努《つと》めることである。また、一《ひと》つの夢《ゆめ》がかなったら、それでおわりではない。そこから、次《つぎ》の希望《きぼう》が出《で》てくる。そのように、私《わたし》たちの人生《じんせい》は、夢《ゆめ》の地平線《ちへいせん》——無限《むげん》の可能性《かのうせい》に向《む》かって、どこまでも伸《の》びてゆくものである。

若《わか》い皆《みな》さんには、人生《じんせい》に大《おお》いなる夢《ゆめ》を描《えが》いて、勇気《ゆうき》をもって歩《あゆ》んでいただきたい。なぜなら人間《にんげん》は、自分《じぶん》の夢《ゆめ》を実現《じつげん》できるようにできている、素《す》晴《ば》らしい存在《そんざい》なのだから。

初出一覧

第1章　宝をさがす

山地の春（『日時計24』二〇二二年七月号）

出会い（『日時計24』二〇一九年一二月号）

人生の魔法（『理想世界』二〇〇八年一〇月号）

第2章　心ってなんだろう？

心のエネルギー（『日時計24』二〇一八年一〇月号）

腹立つ心（『日時計24』二〇一六年五月号）

人のために生きる（『白鳩』二〇一四年一〇月号）

第3章　神とは？

みんな違ってみんな素晴らしい（『日時計24』二〇二二年八月号）

祈るということ（『日時計24』二〇二二年五月号）

人は永遠に生きる（『日時計24』二〇一六年四月号）

第4章　自然と人間の深いつながり

発酵食を考える（『日時計24』二〇二二年一一月号）

自転車乗り（『日時計24』二〇二一年一〇月号）

絶対価値を生きる（『日時計24』二〇二〇年九月号）

第5章　光をみつめて

闇ではなく光を（『日時計24』二〇二二年九月号）

人新世って？（『日時計24』二〇二二年四月号）

人から奪わない生活（『日時計24』二〇一九年九月号）

第6章　わたしの夢・あなたの夢

夢の架け橋（『理想世界』二〇〇九年三月号）

夢の地平線（『日時計24』創刊準備号〔二〇〇九年一一月号〕）

参考文献

ロアンヌ・ファン・フォーシュト著、井上太一訳『さよなら肉食――いま、ビーガンを選ぶ理由』（亜紀書房、二〇二三年）

梨木香歩著『春になったら苺を摘みに』（新潮文庫、二〇〇六年）

梨木香歩著『西の魔女が死んだ』（新潮文庫、二〇〇一年）

谷口雅春著『新選谷口雅春法話集〈1〉親鸞の本心』（日本教文社、一九八三年）

バーバラ・クーニー作、掛川恭子訳『ルピナスさん――小さなおばあさんのお話』（ほるぷ出版、一九八七年）

谷口雅宣著『観世音菩薩讃歌』（生長の家、二〇一二年）

谷口雅春著『甘露の法雨』（日本教文社、一九四八年）

渡邉格著『田舎のパン屋が見つけた「腐る経済」――タルマーリー発、新しい働き方と暮らし』（講談社＋α文庫、二〇一七年）

斎藤幸平著『人新世の「資本論」』（集英社新書、二〇二〇年）

三國清三著『料理の哲学――「五人の神様」から学んだ三ツ星のエスプリ』（青春出版社、二〇〇三年）

生長の家では、一人一人が倫理的な生き方を実践する取り組みとして、３つの活動を展開しています。

SNI自転車部

SNI自転車部では、移動に際して二酸化炭素を排出しない“倫理的”な乗り物として、通勤や通学、近所への買い物など日常生活のなかで積極的に自転車の利用を推奨しています。また、車の移動では気がつかない自然の美しさに目を向けることで、心身ともに健やかなライフスタイルを楽しんでいます。

https://sni.bike

生長の家の３つの活動がわかる本　日本教文社刊　定価各1000円

“新しい文明”を築くために１
自転車から平和を
宗教法人「生長の家」
（SNI自転車部）編

“新しい文明”を築くために２
食卓から未来を変える
宗教法人「生長の家」
（SNIオーガニック菜園部）編

“新しい文明”を築くために３
手づくりが世界を救う
宗教法人「生長の家」
（SNIクラフト倶楽部）編

生長の家の取り組み

SNIオーガニック菜園部

SNIオーガニック菜園部では、環境破壊につながる肉食を控えながら、有機農法による野菜や穀物の栽培を推奨しています。また、食材を購入する場合には、地産地消・旬産旬消を心がけ、フードマイレージの低いもの、化学肥料、農薬などをなるべく使わないものを選び、環境負荷を低減する努力を行なっています。

https://www.jp.seicho-no-ie.org/org-garden/

SNIクラフト倶楽部

SNIクラフト倶楽部は、大量生産大量消費などによる環境破壊を抑制するため、身近な日用品や生活雑貨を手づくりすることを推奨しています。また、手づくりに際しては、木や麻、綿、金属など自然素材かつ国産材などを利用することで自然に感謝しながら環境負荷の低減を心がけています。

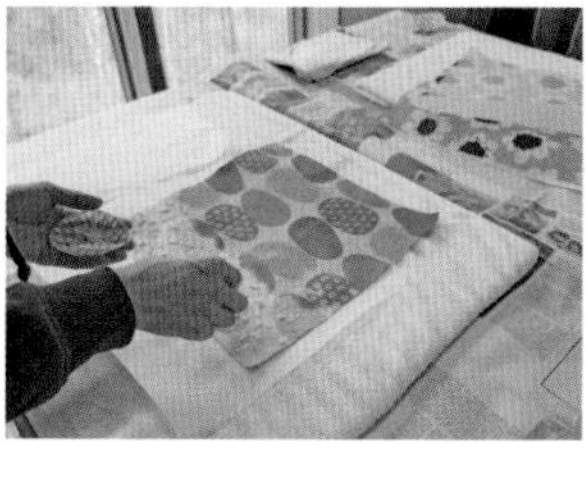

https://www.jp.seicho-no-ie.org/craft/

夢《ゆめ》の地平線《ちへいせん》

2023年４月10日　初版第１刷発行
2024年５月１日　初版第２刷発行

著　者　谷《たに》口《ぐち》純《じゅん》子《こ》
発行者　雪島達史
発行所　宗教法人「生長の家」
山梨県北杜市大泉町西井出8240番地2103
電　話（0551）45-7777　https://www.jp.seicho-no-ie.org/
発売元　株式会社　日本教文社
東京都港区赤坂９丁目６番44号
電　話（03）3401-9111
ＦＡＸ（03）3401-9139
頒布所　一般財団法人　世界聖典普及協会
東京都港区赤坂９丁目６番33号
電　話（03）3403-1501
ＦＡＸ（03）3403-8439
印刷・製本　港北メディアサービス株式会社

本書の紙は、ＦＳＣ®森林管理認証を取得した木材を使用しています。

落丁・乱丁本はお取替えします。
定価はカバーに表示してあります。

ISBN978-4-531-05274-5

FSC
www.fsc.org
ミックス
紙｜責任ある森林管理を支えています
FSC® C014911